THE STR F
DIGITALIZATION AND
INTELLECTUALIZATION

数智力量

用友网络科技股份有限公司　出品
用友案例编委会　编著

中国经济出版社
CHINA ECONOMIC PUBLISHING HOUSE
北 京

图书在版编目（CIP）数据

数智力量：中国制造业“小巨人”的成长之路／用友案例编委会编著．--北京：中国经济出版社，2022.8

ISBN 978-7-5136-6998-6

Ⅰ.①数… Ⅱ.①用… Ⅲ.①制造工业-数字化-研究-中国 Ⅳ.①F426.4-39

中国版本图书馆 CIP 数据核字（2022）第 129521 号

责任编辑　闫明明
责任印制　马小宾

出版发行　中国经济出版社
印 刷 者　北京科信印刷有限公司
经 销 者　各地新华书店
开　　本　710mm×1000mm　1/16
印　　张　18.25
字　　数　236 千字
版　　次　2022 年 8 月第 1 版
印　　次　2022 年 8 月第 1 次
定　　价　88.00 元
广告经营许可证　京西工商广字第 8179 号

中国经济出版社　**网址** www.economyph.com　**社址** 北京市东城区安定门外大街 58 号　**邮编** 100011
本版图书如存在印装质量问题，请与本社销售中心联系调换（联系电话：010-57512564）

献　给

为中国民族制造业之崛起而劈波斩浪的先行者！

名家推荐

企业的数字化、智能化转型是一场深刻而系统的变革，特别是量大面广的中小企业，数字化基础比较薄弱，面临不会转、不敢转、没钱转的困境。本书实录了专精特新“小巨人”在数智化转型中的实践，他们在技术创新、管理创新、产品创新等方面的成功实践，为广大中小企业提供了范例和有益借鉴。希望能够以点带面，带动广大中小企业，特别是创新型中小企业的数智化转型发展，全面塑造制造业产业链、供应链的稳定性和现代化水平，以数智力量推动我国制造强国的快速发展。

——李子彬 中国中小企业协会会长

百年大变局下的中国数字经济，犹如浩浩荡荡的一江激流奔涌前行，制造业的万千企业似艘艘航船，风帆竞发，搏风击浪，乘势而行。本书集中反映了一批中国制造业企业在数字化转型大潮中的激越之举。放眼望去，一位位企业家带领企业，认准数字化、网络化、智能化的发展路径，从一点一滴开始学习，逐渐从整体上把握数字化转型的要领，在实践中摸索，在创新中成长，终于成功驶向新的彼岸。每一篇典型案例都有独到之处，如同大海中没有一簇相同的浪花，愿不同行业、不同背景的读者都能从中得到属于自己的收获。

——朱宏任 中国企业联合会、中国企业家协会常务副会长兼理事长数智化升级不是纸上谈兵，需要切实的探索和实践。可喜的是，越来越多的中国企业已经迈出了坚实的步伐。书中所记载的行业龙头、隐形冠军的奋斗史就是中国企业数智化实践探索的缩影，其成长历程将为更多的企业带来宝贵经验。

—— 李培根 中国工程院院士

大国重器是大国崛起的必要条件，而大国重器的诞生凝聚着成千上万个企业艰苦卓绝的奋斗和努力。在数字经济时代，每一个铸就大国重器的创新都离不开数智化的支撑，本书中的企业是不同领域中利用数智化力量加速前行的代表，未来的每个企业都应该具备这样的力量。

——范玉顺 清华大学长聘教授、全国自动化系统与集成标准化委员会副主任

市场竞争的本质，归根到底是核心技术的竞争。当下，中国制造业正处于从“中国制造”向“中国智造”转型升级的重要关口，如何突破管理模式、提升产能效益、落实精细管控，最终达成数智化平台上的协同智造，是摆在所有企业特别是高端制造业面前的难题。本书 12 家制造业隐形冠军的选择，一定能给大家提供一些参考和借鉴。

——毛增余 中国经济出版社社长、总编辑

企业是经济发展的主体，企业家更是社会最可宝贵的财富。发掘企业发展进程中企业及企业家的故事，研讨总结企业成长中的经验和教训，将为社会经济进步提供强大的动力。特别是在数字化的大背景下，探讨数字力量给企业带来的提升无疑对企业发展极具参考性。

——王四新 工人日报社副社长

“中国制造”走向世界的每一步，都凝结着中国企业家的智慧与心血；从“中国制造”走向“中国智造”的每一步，都离不开强大的数字技术支撑。愿越来越多的中国民族品牌走出国门，也愿像用友这样为推动中国制造业数字化转型提供服务的企业越来越强大。

——迟懿 中国国际贸易学会副会长

作为“一带一路”的重要支撑，中国制造业正在展现出前所未有的勃勃生机和无穷活力。如果说“一带一路”为中国制造业走向世界提供了千载难逢的历史机遇，那么中国制造业则为“一带一路”的落地实施奠定了坚实基础！随着“一带一路”的推进，中国制造业亟须通过数字化转型实现国产替代、促进技术创新、完成产业升级，让中国制造成为真正的“大国重器”。

——张晓东 中关村一带一路产业促进会理事长

当今世界正处于从物质经济向数字经济加速转型的大变革时代，数据将成为主导型的新生产要素，生产组织方式将日益数字化、网络化、智能化、服务化，以需求为牵引的产业动态合作网络正在构建，产业资源按需流动，产业能力按需匹配。在日益动态化的产业合作新体系中，本书重点剖析的专精特新“小巨人”们扮演着越来越重要的角色，发挥着日益重要的作用，成为强链补链，增强产业韧性、创新引领提升产业可持续发展能力的关键力量！

——周剑 点亮智库 & 中信联副理事长兼秘书长

中国制造业前进的每一步都充满着艰辛与坎坷，但中国的企业家们向来都是敢闯敢拼、迎难而上。企业数字化转型的大浪奔涌而至，不想出局，就只能入局，而且要趁早。看看走在前面的企业是如何做的，对所有企业都会更增加勇气和信心。

——敖慈悦 《北大光华》杂志出版人、总编辑

今天，企业发展离不开数智化转型，某种程度上，谁在数智化转型中拔得头筹、取得先机，掌握先进信息技术、拥有数据优势，谁就控制了竞争的制高点。机会一定是给做好准备的企业的，数字化是企业应有准备中的重要内容之一，愿所有企业都能够像书中这些企业一样，时刻准备着，具备大国重器的担当。

——崔晓阳 中国软件行业协会数智化管理专家

现在，在中国的中型企业群体中，有三类企业的表现非常亮眼，一类是隐形冠军企业，它们往往是某一极其细分市场中份额最大的企业；第二类是专精特新企业，它们往往在产品技术创新方面具有行业领先性；第三类是在线企业，它们往往在业务运营方面呈现线上多渠道、线上线下一体化、国内国际一体化、产销一体化；如果大家想了解中国不同类型的企业如何开展创新业务、如何进行创新的业务运营管理，相信这本书是你最好的读物。

——吕建伟 用友研究院院长

序言

改革开放40年，我国的制造业取得了举世瞩目的成就，自2010年首次超越美国，已经连续12年成为位居世界第一的制造大国。2021年，在疫情的干扰下，制造业增加值仍然高达31.4万亿元，占到GDP的27.4%。大致说来，我国制造业的发展分为三个阶段，一是改革开放初期的崛起阶段，二是20世纪90年代的雄起阶段，三是新世纪以来的创新阶段。我国制造业规模虽然已经全球最大，但却大而不强，大和强中间隔了一个创新。我国是世界制造业基地，但不是世界制造业的创新基地，创新需要掌握核心技术、拥有自主知识产权、实现国产替代，这三个方面，我们还非常欠缺。也正是意识到这一点，国家于2015年发布了向制造强国进军的纲领性文件——《中国制造2025》。这一行动纲领的核心是推进智能制造，推动中国制造业从资源驱动型向信息驱动型转变，实现"中国制造"向"中国智造"转型，最终达到"中国创造"。

身为全球领先的企业云服务与软件提供商，用友网络早在2011年就发布了《幸福制造——中国制造业管理信息化白皮书》，并投入巨大资源研发制造业数智创新平台，U9 cloud就是其硕果之一。U9 cloud是用友精智工业互联平台的重要组成部分，运用移动互联网、大数据、物联网、人工智能等前沿技术，集成PLM、MES、AIoT等系统，融合制造云、营销云、采购云、财务云、税务云、人力云等服务，构建互联互通的智能制造体系，为成长型制造业企业铺平通往专精特新“小巨人”的道路。用友 U9 cloud 深耕制造业 14 年，致力于解决制造业核心痛点，提升企业核心竞争力，在服务客户的同时，自身也在不断完善、不断进步，以满足不同阶段、不同类型、不同规模、不同模式企业的制造需求。

当前，新一轮工业革命浪潮正在席卷全球，其核心特征是制造业全面实现数智化，让“制造”升级为“智造”。企业数智化的本质是一次业务和管理的重构与创新，通过数据智能工具、平台，发挥数据的价值，赋能企业的业务经营和管理运营。用友 U9 cloud 不断打造制造企业数智化升级新引擎，通过构建个性化定制、网络化协同、智能化生产、一体化应用、服务化转型、项目化管理、精细化成本、层级化考核、国际化经营“九大内核”，为成长型企业提供一站式数智化升级方案。

截至 2021 年年末，用友 U9 cloud 已为近万家企业提供数智制造创新服务，助力成长型企业完成数智化转型。为掌握用友 U9 cloud 服务民族制造业的效果，我们从 U9 cloud 服务的客户中甄选了 12 家具有代表性的民营制造业企业，组建“U9 cloud 用户采访团队”，对企业进行深入采访。在三个多月的采写过程中，我们越发清晰地看到改革开放后中国民族制造业从萌芽到破土、从弱小到茁壮、从逆来顺受到劈波斩浪、从因袭欧美到自主创新、从被西方发达国家在核心技术上“卡脖子”到实现国产替代这样一个百折不屈的辉煌历程。

本书通过再现受访企业的成长史，向读者展现中国民族制造业从无到有、从弱到强、从立足国内到征服世界的宏伟画卷；更想通过丰富的事实和大量数据，表达我们对坚持走中国特色制造业道路，引领企业做到全球隐形冠军和行业“小巨人”的企业家们的敬意。

用友网络科技股份有限公司董事长兼 CEO
王文京

目 录

临工重机　全球破浪之旅 / 1

全球行业领导者 / 3

争夺全球制高点 / 11

信息化平台上的精益化制造 / 19

华测导航　永远领先一点点 / 25

“沙漠风暴”启示录 / 27

制造业“小巨人”孵化记 / 33

高品质铸就“珠峰”精神 / 39

科华控股　行业“隐形冠军”的数智化进阶之路 / 51

四十八岁的创业者 / 54

千锤百炼的隐形冠军 / 60

数智化转型一步到位 / 66

迪威尔　数智化赋能的产业盛会 / 73

迪威尔的前世今生 / 76

中国制造纵横全球 / 83

数字化转型 / 88

精工电子　新能源产业的突围与新生 / 95
时代里的幸与不幸 / 97
在探索中扩张 / 104
数智化转型造就锂电行业“小巨人” / 111

开沃集团　开启数字化智造模式 / 117
新能源汽车行业的闯入者 / 119
给开沃插上数智化翅膀 / 123

万讯自控　用数字化赋能自动化 / 133
志向高远，朝自主研发之路发展 / 135
打造专精特新“小巨人”，为民族制造业争光 / 140
数智化转型，实现智能制造 / 147

奔朗新材　向西挺进 / 153
光荣与梦想 / 155
一路向西挺进 / 162
数智化转型谋未来 / 171

富创精密　向制造业的“珠穆朗玛峰”冲刺 / 179
IC 装备产业的特殊使命 / 180
制造业的“珠穆朗玛峰” / 184
用友 U9 cloud 带来的巨大改变 / 188

君安新材　借数智化实现弯道超车 / 193
站在制造业的风口浪尖 / 196

“行业新兵”谱写的产业传奇 / 203
数智化建设与产业转型同步进行 / 209

阿华医疗　千锤百炼锻造行业“隐形冠军” / 217
改革、改制与改变 / 220
技术创新造就行业“隐形冠军” / 227
搭建数智化平台 / 235

普斯赛特　数字化背景下的智能制造 / 241
艰难的开局 / 244
漂亮的突围 / 250
集成互联下的智能制造 / 256

附　录 / 262
中国制造背后的数智力量 / 262
着力“专精特新”　助力“小巨人”成长为“巨无霸” / 268

临工重机
全球破浪之旅

“临工重机”的全称是临工集团济南重机股份有限公司。企业名称透露出两点信息：第一，它是临工集团的下属子公司；第二，它没有同母公司一样建在临沂，而是身在济南。临工重机诞生于2012年，匆匆十年间，从一家租赁厂房的小厂，成长为门类齐全的工程机械制造企业，形成了高空机械、矿山机械、特种机械、关键零部件、后市场服务、金融及租赁、数字化产业和新能源产业“八大产业板块”。十年间，临工重机聚焦“一个中心，两个解决方案”，落实“八大举措”，实施科技驱动战略，致力于“零碳智慧矿山”规划的构建，先后被评定为山东省制造业单项冠军、山东省企业技术中心、山东省科技领军企业；行业排名位居中国高空作业设备制造商5强、全球自行式高空作业平台制造商10强第7位、全球工程机械制造商PLUS50强第3位。在疫情不断反复的2021年，企业顶住压力，逆向而行，首次跨入“制造业百亿俱乐部”，达到发展新高度。矿车全球销量连续七年排名第一，成为不可撼动的行业隐形冠军，高空作业机械国内销量排名第一，成功跻身第一军团。

临工重机股份有限公司
总经理 支开印

全球行业领导者

临工重机的诞生源于一个理论——未来的企业竞争不局限于单一产品，一定是综合性竞争。2011 年 10 月，为向现代制造业转型，临工集团做出用“工程机械综合解决方案”替代单一产品销售的战略转变，以此实现产业链闭环管理，让客户实现“一站采购，全程无忧”。当年临工集团主要设计制造装载机、挖掘机、铲运机、压路机、平地机等路面工程机械设备，整体实力虽然排名全国机械行业第四位，但若实现为客户提供“一站式采购”服务的“综合解决方案”，产品链还达不到闭环程度，矿山工程钻、挖、铲、平、装、运六个环节，还缺少“运”。

临工重机厂区鸟瞰图

矿山运输车简称“矿车”，属于矿山重型工程机械设备，分轻型矿车、重型矿车两类。当时国内百吨以上的大型矿车市场清一色为进口品牌，主要被五个品牌一统天下：美国的卡特彼勒、特雷克斯，日本的小松、日立和德国的利勃海尔。轻型矿车则呈现群雄割据的局面，国内国外品牌都有，其中数量最多的是一种 6 ×4 结构的“中国式”宽体矿车。为什么称其为“中国式矿车”？因为它不完全依据国际矿车标准规范制造，按照国际标准，矿车属于工程机械，而“中国式矿车”只是在公路自卸车底盘上做了简单改装，既没有大载量也经不起矿山道路的考验，故障率非常高。当时几乎所有的自卸车生产企业诸如一汽解放、中国重汽、同力重工、徐工机械、北奔汽车等都生产这种矿车，但规模都很小，没有形成气候。而出现这种“重在参与，不争第一”的局面，主要原因在于当时国内宽体矿车市场很小，龙头车企不愿投入太多力量，都作为附加产品生产。

综合市场情况和企业能力后，向来以“敢于创新，大胆实践”著称的临工集团，决定上马“矿山机械”项目，全力以赴进军宽体矿车这一细分领域！

八千万的家底

2012 年 2 月 2 日，山东临沃重机有限公司（2015 年更名为临工集团济南重机有限公司，2022 年 5 月改制为临工重机股份有限公司，以下简称“临工重机”）在济南高新区成立。新企业地址在高新区孙村工业园科嘉路 2676 号，批准计划用地 500 余亩，首期建设用地 150 亩，启动资金 8000 万元。

谈到临工重机为何在济南选址而不是集团所在地临沂，当年的决策者之一、现任临工重机总经理支开印坦言，临工集团当年之所以把新项目落在济南高新区，一是看好济南的省会优势、区位优势、交通优势、人才优势、机械产业链集群优势以及电子信息化优势。二是被高新区的招商引资优惠政策以及政府高效的管理机制和服务意识吸引。当年济南市、高新区两级“内资办”针对临工新项目特别成立了“东区指挥部”，专门负责项目的推进，还破例加快办理签约引进、报批报建流程，并多次召开济南市、高新区、孙村工业园三级沟通调度会，对出现的问题现场办公、现场解决、特事特办，保障项目顺利竣工。在政府各级部门的努力下，临工重机实现当年立项、当年建设、当年投产、当年受益！

这里所说的“当年建设、当年投产”需要特别解释。一般车企异地建厂大多采用复制厂房图纸、复制现有产品、复制流水线的方式，但是生产矿车对临工集团来说是全新的业务，复制这条路行不通。决策层综合考虑后，采用了“三同时启动计划”：第一，在工业北路租赁一片厂房，进行原型机研发、试验生产、矿山工业性试验；第二，同步进行上游供应链布局，得益于济南高新区周边比较齐备的制造业产业链，一些关键制造技术得以突破；第三，同步进行量产工厂规划、流水线设计、手续办理、厂房建设。“开业之初，临工重机初始员工不足百名，开发和建设任务纷繁复杂，但正所谓‘艰难磨炼意志，重担锻炼技能’，这部分初始员工与临工重机共成长，很多人成为目前公司各部门的业务骨

临工重机第一台矿车 LG750 下线仪式

干。”当年的决策者之一、现任临工重机副总经理李连刚接受采访时如是说。

2012 年 3 月 8 日，临工重机第一批宽体自卸矿车 LG750 下线，2012 年 7 月，国内第一批 10 台 LG750 卖到山西灵石鑫源煤矿，由陕西代理商销售。由于企业新创，产品没有知名度，当年的销售量只有 88 台，而且这区区 88 台，从 10 月开始被陆续退回几十台进行整改。痛定思痛，临工重机领导层进行深层思考，一致决定从客户需求入手，倒溯根源，找到出现这种问题的症结在哪里。把矿山企业和退车客户的意见综合起来，发现客户对宽体矿车只有一个诉求——多拉快跑。问题再次摆在决策层面前，他们对市场上宽体矿车进行了拆解，得出结论，国内大多数矿车并不是真正的矿用运输车，只是在公路自卸汽车底盘的基础上进行简单改装，因为矿车属于工程机械，非路面车辆；而公路自卸汽车属于路面车辆，不是工程机械。就连临工重机自己制造的第一批所谓“宽体矿车”LG750，其实也是“公改矿”的那种既非公路汽车也非工程机械的“四不像”。

怎么让矿车实现市场“多拉快跑”的需求？临工重机祭出了“大杀器”——重新定义“中国宽体矿车”的标准。

重新定义宽体矿车

刚刚成立不足一年的临工重机，在科研力量薄弱的情况下，充分利用集团工程机械设计经验，重新对矿用自卸车进行了优化设计。“多拉”就是增大载重量，在 25 吨矿车主导市场的前提下，临工重机与蓬翔汽车合作，开发出 35 吨轴荷可达 2 × 35000 千克的工程机械技术驱动桥，载重一下提高到 60 吨；“快跑”就是马力强劲，联合潍柴研发出 WD12 国二排放标准的 375 马力的工程机械专用发动机，低转速、大扭矩，马力从320提到420，车架宽度从1米加宽到1.15米。针对传统重卡齿轮传动链过长，在矿山道路上下坡换挡不平顺的情况，联手法士特定制开发了九挡变速箱9JSD180A。针对其他车企均不重视的自卸液压装置，临工重机联手海沃集团，研制出最大举升重量75吨的FC172－4700前顶举升油缸。矿车“四大件”中，只有车厢属于临工重机独立研发。

2013年5月，临工重机第二代宽体矿车LG770型正式问世，采用前19吨、中后35吨车桥，最大载重70吨，最高车速每小时59公里，最大爬坡度40%，具有传递扭矩大、速比范围宽、扭矩储备系数大、承载能力强、操作方便灵活等特点，特别适合露天矿山和码头货场等强度大、持续作业时间长的场地。新车下线后，推销成为当务之急，为了迅速打开局面，时任“济南重机营销公司”总经理王国超亲自上阵，带领营销团队，携带LG770样车前往内蒙古露天煤矿集中产区乌海、鄂尔多斯和锡林浩特。在鄂尔多斯，为展示新车超强的承载力，王国超请当地一位煤矿老板挑选一段坡度最大、路况最差的矿路，给LG770装上最大载量，伴随着发动机轰鸣，试驾员驾驶矿车毫不费力地爬到坡顶，把与之同时起步的其他几辆“公改矿”车远远抛在后面，孰优孰劣，立见分晓。LG770凭借强悍的载重能力、稳定的转向系统、柔性的两级驱动系统以及铆接式特钢车体技压群雄，有位客户当场订购100台！打开内蒙古市场后，王国超总经理又带领营销队伍马不停蹄地赶往矿场众多的新疆、山西、宁夏，采用免费试用、分期付款、扶助客户等灵活多变的销售措施，很快在矿产丰富的大西北铺开市场，半年销出500余台，在全国63家矿车车企中，销量排名第五。

回顾第二代宽体矿车的研发、上市经过，现任临工重机副总经理、中租益联董事长王国超感慨地说，销量多少并不重要，关键是临工重机为中国宽体矿车做出了两大贡献，第一，临工重机是中国第一家把工程机械技术与公路汽车技术完美结合起来的车企，把公路汽车发展为真正的矿用运输车。第二，重新定义了中国宽体矿车的概念：只有驱动桥达到35吨、载重量达到60吨才能称为宽体矿车。第二点尤为重要，通过制定行业标准，让成立不久的临工重机从行业参与者摇身一变成为行业引领者，这是非常难得的历史机遇，也是临工重机人不畏挫折，勇于创新的回报。

产品实力签下缅甸巨量订单

2014年，国内矿山开采市场遭遇大冷，宽体矿车需求量从2013年的7000台锐减至1500台，所有生产宽体矿车的车企一下跌入严冬。在这种严峻形势下，临工重机没有偃旗息鼓坐以待毙，而是积极进行产品储备：一方面积极研发露天煤矿、有色金属矿场、港口和井下采掘等四类工况设备；另一方面放眼海外市场，寻找适当机会走出国门，国外第一批矿车LG760在2014年春天销往南非。8月15日，时值三伏，王国超与广州销售分公司通电话，询问销售进度。通话中意外得知，一位缅甸玉矿商人在广州与国内一家大型车企谈妥了一单购买矿车协议，双方已经达成意向，缅甸矿主正准备实地考察，然后在车企签单。说者无意，听者有心，王国超知道缅甸是全球唯一出产翡翠的国家，翡翠属于硬玉，与中国的和田玉（软玉）并称世界两大玉种，若真是翡翠玉矿采购矿车的话，数量一定惊人。他马上追问广州分公司负责人缅甸矿主采购矿车数量、订单额度，对方回答具体数据不清楚，但肯定有几百台。

放下电话，王国超立即展开头脑风暴，在与公司几位领导紧急商议后，王国超火速飞往广州。在广州分公司的协助下，当晚找到缅甸矿主下榻的宾馆，主动上门毛遂自荐，向其介绍临工集团的技术优势和临工矿车的特点。对方被王国超坚韧的敬业精神和坦诚的商务态度打动，答应在前往意向车企途中顺路造访济南。第二天一早，王国超先缅甸矿主两小时飞回济南准备接待事宜，他亲自选定试驾车型、布置试车场地。临工重机给缅甸客户展示的是MT86，这是2014年春天研制生产的一款最新车型，MT86搭载潍柴WD12G420E211发动机，采用法士特7DS200矿山专用变速箱，配置大截面加宽加强型柔性车架，大梁采用加厚高强钢板，加强型悬挂，耐刺扎轮胎，大吨位、大速比驱动桥，载重最大可达60吨，配备矿山专用变速箱，更能适应恶劣工况，非常适合频繁上下坡的大型露天矿。缅甸商人先是试乘，然后主动要求试驾，一番操作之后，一迭声地连说满意，现场表达了强烈的采购意向。

在宏观经济持续低迷、制造业指数大幅下滑的2014年，同业竞争异常惨烈，已经呈现白热化，杀到刀刀见红的地步。王国超心里明白，缅甸矿主采购临工矿车的意向再强烈，也只是个“口头意向”，不是真正的“商务合同”，把意向转化为合同还需要再烧一把柴。当天下午，缅甸矿主出发去原计划合作的车企所在城市，王国超随后也带人拜访当地某金矿客户，该客户为临工矿车的大客户，王国超拜托他们给远道而来的缅甸矿主展示临工矿车的气魄。第二天是周日，一大早，缅甸矿主就被邀请去参观金矿开采现场，都是矿采业同行，缅甸客人非常高兴这样的安排。当他们来到预定的金矿坑口，几百辆临工MT86矿车沿着盘旋矿道向上行驶，汇成一股明黄色的车流，一时间马达轰鸣、笛声震耳，气势恢宏，场面震撼，展现出中国制造钢铁洪流的强大力量。缅甸商人被这壮观的场景所震慑，后二次前往临工重机进行产品试驾。通过双方友好沟通以及出色的产品表现，缅甸商人当即决定与原意向车企解除采购协议，而选择与临工重机签订采购订单。

460台临工MT86矿车就这样签成了，订单总额3.6亿元，而且是一次性给付。这是临工重机成立后接到的最大订单，也是临工集团有史以来成交额最大的一笔订单，同时也创造了行业单笔订单最大金额纪录，至今未被打破。当时正值企业最艰难的时期，全球经济衰退，国内经济大幅下滑，临工集团单笔收入 3.6 亿元，极大地振奋了人心，也激发了企业信心。就在企业上下加班加点生产 MT86 时，11 月中旬，缅甸客户突然来电请王国超立即前往帕敢。位于缅北的帕敢是缅甸最大的翡翠矿区，分布着大大小小近百个翡翠坑口，这些坑口被大约十多家背景深厚的矿采企业垄断，临工矿车的客户就是其中之一。就在临工上下为王国超揪心的时候，9 月 12 日，王国超发回传真——又签下 409 辆 MT86 矿车的订单；看到传真，临工重机领导们悬着的心才放下。原来，该翡翠矿企打算更新全部矿车，其中的一半购买中国宽体矿车，就是已经签下的 460 辆；另一半准备购买卡特彼勒二手大型矿车。第一批临工 MT86 矿车运到帕敢后，作业效果特别好，操作也较卡特彼勒简单很多，于是矿主决定取消购买二手矿车的计划，全部改成临工 MT86。就这样，总共 869 台矿车从 2014 年 10 月开始发货，直到 2015 年 3 月才算全部交付。

发往缅甸的第一批矿车

争夺全球制高点

经过五年间的多次采购，一批又一批临工矿车被发往缅甸矿区。迄今为止，临工矿车在缅甸市场的占有率高达93%，仅缅甸帕敢地区的翡翠矿矿车保有量就有1900台，成为当地首屈一指的中国品牌，帕敢也成为中国宽体矿车走出国门的最早见证地。采访中，临工重机总经理支开印说："这是临工重机的里程碑事件，从那时起我们开始扭亏为盈，从中国市场走向了国际市场，改变了日、美两国刚性矿车一统天下的局面，打响了临工重机的国际知名度，反过来又带动了国内市场的销售量!"

矿山开采的第三条道路

随着"功勋车型"MT86在国际市场的走红，大批海外订单纷至沓来，临工重机专门扩建了一条生产线依然不能满足市场需求。2015年10月中旬，越南煤炭矿产工业集团采购的50台MT86顺利交付，在随后的5个月里，客户又连续采购三批共计210辆MT86。紧随其后的马山资源、亚洲矿产资源公司、奥林太平洋矿产、石溪铁矿等越南公私矿企也纷纷订购MT86。2016年5月，上海电气集团承建巴基斯坦"塔尔煤矿"发电项目，选定临工重机明星矿车MT86作为土建重器，174辆

MT86浩浩荡荡运往“中巴经济走廊”，去承担开拓“一带一路”的重任。今天，随着中国企业在“塔尔煤矿”建设的深入，临工重机已有几百台矿车和其他矿山机械在工地驰骋。为了做好市场服务，临工重机特别组建了“驻巴基斯坦塔尔煤矿服务队”，由技术支持、设备维护维修、业务培训三类工程师领衔，即使在疫情最严峻的时期，也坚持在巴基斯坦作业第一线，为客户提供全方位、全天候技术保障。

2016年，临工重机推出“中国式第一矿车”CMT70并在11月的“上海宝马展”上首次亮相，它是一款载重70吨车型，这款产品拥有着鲜明的“中国式”特征：①吨载荷购置成本控制在两万元以内，相当于经典矿车的1/3，达到了经典矿车80%的性能，覆盖了80%的市场，这也被临工重机称为“388产品定位法”；②采用液压辅助驱动，实现了机械传动与静液压传动的功率分流合流，使整机功率最大可提高到800马力；③融合了大量的工程机械技术，包括全液压转向、液压钳盘制动、湿式制动、液压合流技术、三级减震技术等，使整机更适应崎岖泥泞的道路；④完全使用中国本土化配套。这四项技术的突破和应用，使CMT70既具备经典矿车的性能又兼顾宽体矿车的经济性，这是中国本土企业在该领域的重大突破，也是首次突破。除此之外，CMT70还具备发动机储备扭矩大、动力强劲，满足爬坡与承载需要的大速比驱动桥，领先行业的超宽无副梁车架以提高整车稳定性，适应亚热带、热带及高原地区的动力系统辅助散热装置等卓越特点，使CMT70在最大限度上满足客户需求。

随后，临工重机陆续推出CMT66、CMT86两款轻型矿车，2018年又研发出CMT96和CMT106两款“高通过”产品，来补齐轻型矿车的顶部车型。实际上，2015年临工重机宽体矿车销量已是全球第一，而且连续七年霸榜，至今没有超越者。今天，临工重机的矿车已经更新迭代到第四代，RTH126车型载重量已提升至90吨，产品销往蒙古、印度尼西亚、马来西亚、刚果（金）、赞比亚、俄罗斯、墨西哥、印度、津巴布韦、阿尔及利亚、利比里亚、泰国、秘鲁等全球37个国家和地区，打破了欧美矿车长期以来对全球市场的垄断，是中国向世界展示“大国重器”的代表性产品。

MT86 整装待发

发力高机市场

临工重机在矿车领域取得国内、国外行业销量“双第一”后，并没有就此止步，总经理支开印非常清楚企业的处境，“矿用车毕竟属于工程机械设备的一个细分领域，全球需求量有限，即使做到细分市场第一，仅靠矿车一个品种也无法把企业做强做大”。为了改变单一产品结构，寻找企业新的增长点，临工重机把目光瞄准了高空作业机械市场。高空作业机械，业内简称“高机”，它的应用领域多种多样，在市政管理、基础设施建设、建筑物装修维护、船舶与飞机制造乃至消防抢险等领域都有广阔的市场。临工重机为进入高机市场，做了充分的市场调研，投入了巨大的人力、物力、财力。从2016年后半年起，董事长于孟生带领技术、研发和营销团队展开了“绕地球两圈半”的飞行商务考察。先后考察了德国、挪威、荷兰、丹麦、英国、美国、日本、韩国、意大利、加拿大等发达国家的高机市场，造访了世界上几乎全部高空作业机械主机设备制造厂，如法国曼尼通、德国 PB、意大利 CTE、加拿大 SKYJACK；还参观拜访了高机核心零部件供应商如美国德纳、丹麦丹佛斯、伊顿驱动、日本久保田，以及美国联合租赁、美国 Sunbelt、法国 Loxam 等大中型租赁商，充分对标欧美日韩高端市场，掌握不同国家的产品标准和客户差异化需求，为自主研发高机产品做好宏观准备。

2016 年，临工重机第一款高机产品 AS1212 剪叉式高空作业平台面世。接下来的半年间，临工重机加快产品研发速度，连续推出包括越野剪叉式高空作业平台 SR1623 在内的 5 款新产品，形成了剪叉式高空作业平台、直臂式高空作业平台、曲臂式高空作业平台、桅柱式高空作业平台，以及高空取料平台 5 大产品系列，尤以 SR1323 最为引人注目。

高机数字化涂装生产线

2017 年，刚刚起步两年的临工重机高空作业机械，国内市场占有率达到 18. 9%，排名第二；产品还出口到挪威、丹麦、西班牙、意大利、俄罗斯、新加坡、马来西亚和美国等 30 多个国家，全球行业销量第九，成为国际领先的高空作业平台制造商之一。

源源不断推新品

2018 年，临工重机的高机系列产品全面开花。2018 年 4 月 18 日，在"雄安国际工程机械、建筑机械、工程车辆展览会"上，临工重机 A14J 电动曲臂式升降工作平台、AS1012 电驱剪叉式高空作业平台、SR1623 越野剪叉式高空作业平台精彩亮相。其中的 A14J 是临工重机第一款曲臂高机，搭载久保田 V2403 – M – DI – ET04e 发动机，全时四驱，配浮动车桥和越野轮胎，内置负载敏感系统，可实现臂架复合收放，转台回转角度达 355 度，平台摆幅 160 度，能抗 12 秒速大风，是临工重机完全拥有自主知识产权的国产替代产品。10 天后，临工重机又到法国参加"第十一届巴黎国际工程机械与建材机械博览会"（INTERMAT2018），参展高机有 SS0507、AS0607E、AS0808E、AS1012、SR1623 等共六个型号，与来自 167 个国家和地区的 1500 多家工程机械制造商同台竞技。其中的 SS0507 是一款小型高机，整机只有一吨重，最大平台高度 4.7 米，平台载荷 120 千克，最大爬坡度 25%；采用比例阀控制升降，升降时间 20 秒，可在满载的情况下全高度行走，是低空平台作业的万能机械。临工重机是 INTERMAT2018 中国高机展位面积最大、展品最多的企业，引起欧美客户的广泛关注，前来洽谈的客户络绎不绝。

11 月 28 日的上海宝马工程机械展上，临工重机又一口气发布了 SR1218、SR1416、SR1623、SR2024 越野剪叉系列产品以及 T20J 直臂式高空作业平台，展示强大研发实力的同时，面向不同行业的高机需求客户，给出了一站式解决方案。作为新一代高空作业神器，临工重机 AC23E 蜘蛛车采用履带铰接，底盘可旋转 360 度，最大工作高度 17 米，作业平台左右各旋90度，支腿触底监测，内置自动感应地形的浮动系统，实现了无线遥控操作和智能安全监测。同时展出了手推剪叉式、电驱剪叉式、液驱剪叉式、桅杆式、直臂式、曲臂式等全系列高空作业平台产品，成为展会展出高机最多的参展商。

2019年以来，临工重机不断创新，突破自我，以用户为中心，以市场为导向，业绩节节攀升，高机市场逐年扩大，2017年迈入第一集团，2020年国内销量第二，2021年销售各类高空作业设备42497台，国内排名上升到第一，国际市场排名第七。继2020年实现营收74.6亿元后，2021年营收达到117.56亿元，同比增长57.5%。

高机装配线

完善公司两大解决方案

临工重机坚持以客户为中心，围绕市场做产品，致力于向全球客户提供两大解决方案，即矿山设备全套解决方案和租赁设备全套解决方案，对产品进行系统整合，把看似一般的设备无缝地、科学地组合在一起，形成强大的竞争力！

临工重机集合集团资源优势，不断推进宽体矿车产品的研发与生产，目前已形成 MT、CMT 两大产品系列，实现 30～70 吨产品全覆盖，产品朝着电动化、智能化、大吨位、节能、可靠五个技术方向发展，真正做到了高可靠、高安全和省钱、省力、省心，满足不同市场客户需求。公司积极响应国家“双碳”目标，不断推出新能源矿车，MTE/CMTE 系列电动化产品批量推向市场，持续打造宽体矿车行业市场竞争力，同时公司积极探索 RT 系列刚性矿车、UT 系列矿车、铰接式矿车的设计研发，持续完善矿车产品系列。

2016 年临工重机联合全球矿山设备制造商山特维克进军凿岩设备、井下设备领域，推出分体式潜孔钻机、一体式潜孔钻机、顶锤钻机、井下铲运机、井下运矿车等系列产品，真正做到了“井下最全，钻爆最强”，完善了公司在矿山施工领域产品布局。为了打破大型矿用挖掘机被国外品牌垄断的局面，临工重机从 2018 年开始，成立专业团队，深入市场调查研究，2021 年强势推出 ME105/ME130 超大吨位矿山挖掘机，产品具备“四全一优”的特点，即全球开发资源、全球顶端配套、全电控技术、工况全覆盖，实现了宽体矿车与挖掘机的最优施工组合，同时，解决了整机及配件价格高、交付周期长、差异化配置难、维修服务响应慢等行业痛点，使矿山开采更省心、更高效、更经济。

目前公司正通过矿车（刚性矿车、宽体矿车、铰接矿车）、矿挖、矿岩（凿岩钻机、井下铲运机、井下矿车）、矿用平地机、矿用装载机等产品系列为露天矿山开采和井下矿山作业提供矿山设备全套解决方案。临工重机自 2016 年开始进军高空作业机械领域，乘着国内基建行业迅速发展、高空施工安全要求不断提高的东风，高空作业机械产品实现跨越式发展。在高空作业机械领域紧紧围绕以剪叉、曲臂、直臂、叉装车等为主的九大产品系列，产品细分为：①载人、载物，②室内、室外，③标载、重载，④有尾、无尾，⑤电驱、液驱，⑥电动、柴动、混动等，做到了高可靠、高安全、高残值、低成本。经过 5 年的快速发展，已形成了 3 ~ 14 米剪叉式高空作业平台、8 ~ 20 米越野剪叉式、14 ~ 19米曲臂式、20 ~ 32 米直臂式高空作业平台产品，极大地满足了客户施工需求。目前临工重机高空作业机械已跃居国内市场行业第一。

公司同步研发生产了 3 ~ 15 吨的高机运输车产品、作业高度为 16 ~ 32 米的车载臂车系列、28 ~ 75 米的云梯产品系列，不断满足租赁市场客户需求。随着河道疏浚、堤坝建设、城市地下管廊建设等项目投资规模的不断扩大，打桩机租赁市场需求进一步释放，目前国内市场还没有专业生产打桩机的厂家，以挖掘机改装使用为主，2020 年临工重机紧抓市场机遇，开始布局打桩机产品，目前公司 LP760、LP740 打桩机产品已经获得市场和客户的充分认可，并逐步成为打桩机行业的领军品牌，未来公司将持续完善 12 ~ 18 米打桩机产品。

临工重机打桩机

目前临工重机正通过高空作业机械、叉装车、车载臂车、越野云梯、打桩机、高机运输车以及其他小型工程机械设备等产品，为客户提供租赁设备全套解决方案。

信息化平台上的精益化制造

2016 年，当临工重机实施矿车、高机双产线结构时，公司已经决定升级信息化平台。实际上，早在企业初创的 2012 年，临工重机就已经上线了用友 U8 和思普 PLM 系统，由于销售采用代理商制，又上线了 LDP 营销管理系统。随着产品类型的增多、生产线的扩张、分公司的开设以及代理网点的健全，三大系统逐渐出现相互脱节、各行其是的情况，并各自形成信息孤岛，企业内部很多部门特别是后成立的车间、生产线，几乎无法与企业内网互联，降低了企业整体效率。比如 2015 年向上海电气交付 174 辆 MT86 时，因为系统不畅，时常出现客户临时发出的个性化需求，无法及时通过 ERP 传递到 PLM 系统，导致车间按照原来标准组装。就连账务系统内部的营销中心与矿车、高机三者之间，也不能直连互通，需要人工输入反复对账，完整性、准确性和及时性都大打折扣。基于这些考量，2016 年 10 月，临工重机开始选择升级信息化平台服务商。

U9 cloud 让企业实现精益化生产

经过甄选，包括用友网络在内的几家信息化服务商入围，又经过长达半年的考察斟酌，用友专为大中型离散制造业企业开发的数智制造创新平台 U9 cloud，从 SAP、Oracle 等国际厂商中脱颖而出。在谈到为什么选择用友时，临工重机 CIO 童伟讲了三点理由：第一，用友 U9 cloud 作为大中型离散制造业企业管理平台，更符合临工重机多地点、多法人、多事业部的管理需求；第二，U9 cloud 的延伸式系统，可以满足企业现在及未来对平台的扩展需求；第三，U9 cloud 具有很强的开放性，能够实现异构系统集成。2017 年 3 月 1 日，U9 cloud 项目启动会在济南召开，临工重机董事长于孟生、总经理支开印、副总经理兼财务总监孙静、总经理助理郭鹏飞等领导出席会议。用友网络高级副总裁王健、用友网络 U9 cloud 实施部总经理杨运良、用友山东副总经理张远学、济南分公司副总经理李国栋、用友网络 U9 cloud 实施部经理马琳、销售经理李学芹等出席会议。3 月 10 日，用友项目 9 人团队组建完成并驻厂开始实施，杨运良担任项目总监，马琳出任项目经理。

对此次信息化升级，临工重机的总体目标非常明确：一是搭建统一且高度集成的信息化应用平台，统一业务流程，整合业务数据，提高工作效率，提升公司整体的管理水平；二是实现集团化基础数据统一管理，降低管理成本，提高工作效率；三是实现对产品流程的全面管理，提高订单履行率，做到成本精细核算；四是打通跨组织的财务和业务通道，实现业财一体化。项目团队将其细化成六项内容：企业大数据整合、设计制造一体化、精益化生产计划体系、法人与事业部一体化管理、精细化成本核算、表账簿三级合并，然后逐一落实。宏观上先将企业划分为监控分析层、运营管理层、执行控制层、生产现场层四个层级，再将不同生产流程进行归类。梳理过程耗时很长，几乎占去两个月的时间，用友团队的供应链顾问和实施专家总共改善了 253 个业务环节，优化了 126 个流程，针对计划、营销、财务、人力、生产等内容进行了 17 项个性化开发，让曾经脱节的程序在 U9 cloud 上做到环环相扣。

信息化升级项目启动会

“三系融合”威力大

实现 U9 cloud 与 LDP 和 PLM 三大系统的异构无缝集成是项目实施的难点之一，也是平台核心“运营管理层”能否发挥数据作用、打通信息孤岛的关键步骤。架构上，以 U9 cloud 为核心，LDP 承接经销商下单、生成“经销商订单”配置号，然后进入 U9 cloud 生成“生产订单”，技术部门对客户定制要求进行评估认可后，再进入 U9 cloud 超级 BOM 库进行参数选配，经过需求计划、参数选配、采购管理、工程数据、条码匹配等一系列模板优化之后，形成“执行订单”进入 PLM 的超级 BOM，在项目管理库经过产品配置、电子工艺图版设计、产品结构和零部件核对，最后发至车间生产。这只是企业生产在平台上第一波融合。PLM 的超级 BOM 经过参数化选配，形成排单计划，批次生产单返回 U9 cloud，系统启动 MRP 运算，生成生产线日计划，派送至生产线和相对应的备料台，经过生产仓到产线旁的物料调拨，U9 cloud 产生领料单下线扣料，同时去与

LDP 里的“经销商订单”配置号确认，然后生成 ASN 条码，该条码会一直伴随着物料在生产线上流动，直到成为整车下线入库，由 LDP 向订货经销商发出发货申请，最后在 U9 cloud 完成出货和回款。

U9 cloud 于 2017 年 10 月 1 日上线运行，这次信息化升级给企业带来的明显改进主要有以下几点：

（1）实现了精益化管理。作为一家全球行业隐形冠军，临工重机的产品具有很大竞争优势，很多技术创新拥有独立知识产权。U9 cloud 以人岗匹配为基础、以财务管控为中心、以战略落地为根本，从精益生产 LPS、精益研发 LTS、精益管理 LMS 三个层面将临工重机打造成竞争力更强的精益企业，将单纯的产品竞争上升为包含资本、人才、模式和品牌在内的资源竞争。

（2）实现阿米巴考核。把临工重机生产链闭环内的部门核定为 12 大经济单元体：属于矿机装配室的“底盘生产单元”、属于结构件室的“货箱生产单元”、属于高机营销公司的“国内高机销售单元”、归属矿机出口公司的“国外自营矿车销售单元”等，制定相应的管理纬度及管控指标，建立各自所属的责任考核档案，按照“一套数据，多套单元”的模式把 12 个单元体的业务数据汇入考核中心，形成总账数据进行阿米巴考核。

（3）实现三方网上协同。企业、供应商、客户是生产链的三大参与者，LDP 产生的请购单、PLM 生成的模块化执行方案，都要在 U9 cloud平台耦合为一致的 ASN，才能变成产品。三方发出的计划、供货（收货）和账目，完全达成网上协同，省却很多催核环节。

（4）落实柔性化生产。柔性化生产主要应对个性化定制，随着矿车市场的饱和，未来定制化订单将会越来越多。U9 cloud 的超级 BOM 会根据定制化个性约束定义，自动进行参数化选配，生成个性配置表，经 MRP 运算得到生产线日计划，再经 ECN 变更、齐套分析，向备料工作台发出物料调拨单，给出完工报告。

专家点评

临工重机这个案例让我们真切地感受到了中国制造背后的数智力量。临工重机的宽体矿车就是“大国重器”，早在2015年临工重机宽体矿车已是全球第一，而且连续七年没有超越者。产品销往蒙古、印度尼西亚、马来西亚、刚果（金）、赞比亚、俄罗斯、墨西哥、印度、津巴布韦、阿尔及利亚、利比里亚、泰国、秘鲁等全球37个国家和地区，打破了欧美矿车长期以来对全球市场的垄断，是当之无愧的“大国重器”代表性产品。此外，临工重机的高机市场也在逐年扩大，2017年迈入第一集团，2020年国内销量第二，2021年销售各类高空作业设备42497台，国内排名上升到第一，国际市场排名第七。

数智化是临工重机造就“大国重器”的重要支撑力量，实现了U9 cloud与LDP、PLM三大系统的异构无缝集成是其数字化应用的核心内容。LDP承接经销商下单、生成“经销商订单”配置号，然后进入U9 cloud生成“生产订单”，再进入U9 cloud超级BOM库进行参数选配，形成“执行订单”进入PLM的超级BOM，PLM的超级BOM经过参数化选配，形成排单计划，批次生产单返回U9 cloud，系统启动MRP运算，生成生产线日计划，派送至生产线和相对应的备料台，直到成为整车下线入库，由LDP向订货经销商发出发货申请，最后在U9 cloud完成出货和回款。所有过程都伴随着产品质量和成本的考核。这就是临工重机的管理保障，这也是每一个企业发展和壮大必不可缺的保障。

——崔晓阳 中国软件行业协会 数智化管理专家

华测导航
永远领先一点点

2021 年 6 月 29 日，浙江大学 2021 届夏季研究生毕业典礼在玉泉校区隆重举行。校长致辞、导师寄语之后，上海华测导航技术股份有限公司（以下简称“华测导航”）董事长赵延平以优秀校友代表的身份上台发言。他深情回顾了负笈浙大的四年青葱岁月，内心充满感慨：“是母校的求是精神牵引我走过了奋斗的 30 年，并将指引我继续奋斗。重回形象崇高的母校，我追问自己有没有辜负她的教诲和培养。”面对 4000 多名学弟学妹，赵延平没有过多陈述自己的成就，而是分享了走上社会后的三点感受：持续学习，面对快速变化的世界；不断追求梦想，让梦想之灯常亮；直面挫折和失败，增益其所不能。最后，他希望师弟师妹“在成就自己的同时，更要成就他人，为社会多做贡献”。

赵延平发言的时候，不少人在台下交头接耳，打听赵延平是何方神圣。特别是一些非理工专业的硕士们，别说对赵延平一无所知，对他一手创办的华测导航更是闻所未闻。这也难怪，华测导航本就是一家体量不大的成长型民营企业，而身为创始人的赵延平因为平时极少抛头露面，故而外界对其知之甚少，久而久之，身上就有了一层神秘光环。

上海华测导航技术股份有限公司
董事长 赵延平

“沙漠风暴”启示录

1968年6月11日，赵延平出生在东北吉林一个普通的农村人家。他的童年在乱哄哄的“文革”中度过，1977年恢复高考的时候，他还不到十岁，却立志“要考上大学”。“文革”结束后到改革开放前的这段时间，中国农村特别是北方农村的生活普遍很苦，很多男孩往往读到初中就回家务农，一是节省上学的支出，二是为家庭增添劳动力。赵延平的父母很有远见，不但毫无怨言地供他去县城读高中，而且鼓励他去施展抱负。

GPS是个啥

经历了十年寒窗，赵延平于1987年7月考入浙江大学光电与科学仪器系激光专业。在大学，出身农村、寒门学子的双重身份，养成了他做人行事处处低调的特质。本科四年，赵延平的专业成绩一般，通常情况下，老师和辅导员总会记住学习尖子和调皮捣蛋的学生，所以赵延平给大家留下的印象并不深刻。时至今日，华测导航已经成长为北斗卫星高精度定位领域的领军企业，赵延平依旧沉稳质朴，不事张扬，内敛得像个深山里的修行者。

1991 年毕业分配，他的工作单位并不理想，很多同学都进入研究所、设计院，顶不济也去高校、海关等事业单位，他则被分配到北京光学仪器厂成为一名技术员。当时的北京光学仪器厂位于通县新华大街157 号（现通州区新华西街 51 号），虽然是企业，虽然在通县，北京光仪厂却一点儿也不寒酸，我国第一台光学经纬仪、第一台热分析仪器，都由这家 1962 年建厂的老牌国企研制成功。在技术科熟悉了几个月，赵延平对自己的供职单位有了一个清晰的认知——北京光学仪器厂不仅基础技术雄厚、科研设施完备，还掌握着国际上的高端信息情报。

赵延平毕业这年的年初，美国发起针对伊拉克的战争“沙漠风暴”，在很短时间内取得全胜。美国获胜的原因有很多也很复杂，但一个重要因素是美军拥有 GPS，在苍苍茫茫的大沙漠里，没有地图，没有参照物，也没有地面指引，很难进行精准打击。而美国的 GPS 不需要这些常规战争的必备要件，它依靠空间里的经度、纬度和高度，就能够精准定位，锁定打击目标。“沙漠风暴”在当年 2 月份即已结束，但GPS 的概念却在赵延平脑海里长久萦绕，成为挥之不去、拂去还来的一个心结。

机会永远垂青有准备的人，赵延平的机会很快来临。

1991 年年底，北京光学仪器厂决定成立一个研发部门，开发设计国产 GPS，赵延平被选为课题研发成员之一，他欣喜地接受了这一任命，并且自告奋勇承担定位器主板的研制。研制的第一步是拆机学习，工厂花了大笔外汇从国外买来几套 GPS 设备，赵延平和同事们一边使用一边拆机研究，但是随着时间的推移，他发现在当时科研水平非常落后的条件下，别说是凭借北京光学仪器厂一己之力，就是集结国家的专业研究机构，也很难完成 GPS 的自主研发。

投奔中关村

赵延平性格的一个最大特点是行事果决，绝不拖泥带水。明白这一点后，他毅然决定离开北京光学仪器厂，去搞清 GPS 的来龙去脉。他辞职自砸铁饭碗还有一个特殊原因，1992 年春天，邓小平发表了南方谈话，令中国的改革开放再度焕发勃勃生机，催生了第一次全国性经商浪潮。在北京，变化最为显著的地方当属中关村，南方谈话发表之前，中关村虽然已经挂上“新技术产业开发实验区”的招牌，但绝大部分公司都是坐等顾客上门的电子元器件批零商店，真正从事电子产品研究的科技企业不足百家。南方谈话后不久，周边清华、北大和中科院的高级专业人才才大规模入驻中关村，投身到 IT 行业。到 1992 年下半年，中关村才成为名副其实的国际尖端电子科技产品在中国的集散地和展示窗口。

1993 年 2 月，赵延平辞掉北京光学仪器厂的工作，来到充满活力的中关村，应聘中科院下属企业“北京东方科学仪器进出口公司”，成为电子分公司的经理，开始专职与 GPS 打交道。这是他人生的一道分水岭，赵延平的命运从此托付给了卫星定位行业。在他的力主下，公司先是引进日本索尼的 GPS 产品，然后又陆续把美国 GARMIN、英国 NAVSTAR 引介到中国市场，着实大赚了一笔。看到 GPS 产品在国内卖得如此火爆，每月为公司带来几十万元甚至上百万元的利润，他逐渐萌生了创业的想法。1994 年 6 月，赵延平联手几位朋友成立了北京麦格通讯设备技术有限公司（以下简称“麦格通讯”），那时候的赵延平没什么钱，为了节省开支，几个合伙人在宾馆只开一间房办公。麦格通讯的经营方式仍然是代理，为了不与之前任职的公司产生利益冲突，义气当头的赵延平重选品牌，陆续代理了美国麦哲伦、加拿大诺瓦泰、帕瓦瑟等进口 GPS 产品，可以说，20 世纪 90 年代北美不少知名 GPS 品牌在中国的销售，几乎都经过赵延平之手。

深入 GPS 后院

代理的产品越多，出货量越大，赵延平的好奇心越重——中国拥有潜力巨大的需求市场，却没有自主定位产品，所有与卫星定位有关的产品包括配件及附属设备，均需进口。而作为全球科技最为领先的国家，美国单凭一个 GPS 系统，每年就要从包括中国在内的世界各地赚走数百亿美元，所以，一定要去 GPS 的老家看看。1997 年 3 月，他独身一人飞往大洋彼岸的美国，去考察 GPS 的前沿产品及整个行业的发展状况。并不像坊间传闻的那样，说他与麦格通讯合伙人拆伙负气出走，也不是为了移民去踩点，赵延平去美国有两大目标，一是发现、寻找美国更优、更好的 GPS 产品，然后将其引介到国内；二是学习美国先进的卫星定位技术，用作自己的知识储备。在他心里，从未忘记实现卫星定位设备自主研发的目标，那是他的梦，也是他人生的终极方向。

赵延平抵达美国的当月，美国麦哲伦（Magellan）刚刚推出全球第一款手持 GPS 接收机 GSC 100，更让他意想不到的是，这款国际最先进的手持 GPS 接收机在美国的市场售价不到 100 美元，而卖到中国，则要几万元甚至十几万元人民币。“这简直就是技术掠夺！”赵延平气愤地对美国麦哲伦公司销售总监说，对方没有过多解释，只是习惯性地摊开双手耸耸肩。事实上，做了多年国际 GPS 代理，赵延平明白，GPS 本身并不值钱，值钱的是技术附加值，可是谁叫你研发不出来呢？美国人摊开的双手和诡异的笑容，更坚定了他开发国产 GPS 的信心。

赵延平很快恢复了他的冷静和理智，他在洛杉矶注册了一家主营卫星定位技术进出口业务的公司 TrimNav，以此为跳板，与美国多个卫星定位厂家建立业务和技术联系，美国的天宝公司（Trimble）就是其中之一。在 GPS 领域，天宝堪称业界老大，始终是高精度定位导航的代名词，建立在基站基础上的“高精度大地监测工程”全球无出其右者，在定位导航、测绘技术和精准农业三大领域至今保持着国际领先水平。经过几番艰苦谈判，在美国朋友的帮助下，赵延平拿到了天宝在中国的代理权，为了尽快开展业务，1998 年 10 月，赵延平带着天宝的授权书飞回北京。

居民楼里的华测

1998 年的最后一天，北京天拓基业科技发展有限公司（以下简称“天拓基业”）在海淀西三旗正式挂牌成立，赵延平踌躇满志，招兵买马，大干快上，三年多的时间就控股了另外两家代理商，天拓基业在 2002 年成为美国天宝在中国的最大代理商。2002 年，中国掀起规模宏大的基建大潮，作为基建先锋的建筑测绘、工程测绘和野外矿探测绘，对 GPS 表现出强大的购买力。短短一年，天拓基业在国内的销售业绩就突破亿元，成为天宝全球最大代理商之一。但是赵延平心里明白，天拓基业在天宝的国际排名是靠中国的巨额资金外流得来的，当时一套天宝定位设备售价高达三四十万元人民币，成本在两三万元，而通常情况下，客户必须购买四台才能组建局域网，费用在 150 万元左右。

本着降低价格的出发点，赵延平多次与天宝负责中国区域的高管交流，劝他说服天宝总部在中国建厂，大幅降低成本，从而降低售价、扩大市场份额。但是几次谈下来，美方无动于衷，赵延平决定采取行动，动手研发。当时，看到 GPS 市场具有广大前景的不止赵延平一人，位于广州的南方测绘已经率先起步，购买国外主板，自己组装，在国内销售。赵延平特意买来一台南方测绘的设备，拆解测试后发现质量远远达不到进口产品的水平。这给赵延平带来一个风险警示——既然决定做中国自己的 GPS，就必须从自主研发入手，万万不能走国外进口、国内组装的路子。

没有庆贺花篮，没有开张鞭炮，也没有围观人群和采访记者，2003 年 9 月 12 日，赵延平的上海华测导航技术有限公司（以下简称“上海华测”或“华测”）在上海徐汇区一套普普通通的三室一厅单元房里悄然诞生，从楼前经过的行人甚至没有谁停下来看上一眼，左邻右舍更像什么都没发生一样。的确，在各种高科技公司林立的大上海，每天都有几百上千家公司成立，同时每天也有成百上千家悄然倒闭，看惯潮起潮落的上海人对华测这家没有门面的公司冷眼旁观，也就不足为奇。

没有人会料到，一家高新技术产业集团将在这套楼房里孵化，它虽然步履蹒跚，却目标明确；虽然羽翼未丰，却志存高远；虽然身单力薄，却崇尚奋斗。这样的一家公司将不困于陋室，不囿于草莽，一旦条件成熟，必将乘风而起，鹏程万里。

华测导航新园区

制造业“小巨人”孵化记

实际上，华测导航在2003年6月份已经开始了技术研发。三个人，一间屋，从拆解美国GPS接收机着手，学习研究技术方案。同所有高新产业的创业一样，华测GPS的研发过程异常艰苦、枯燥，赵延平此时还在担任天拓基业老总，在北京日理万机，上海华测的研发重担一股脑儿压在合伙人王永泉肩上。

脚踩两只船

王永泉一边在上海交大攻读电气工程博士学位，一边窝在华测小屋埋头苦干，当时几乎没有可资借鉴的现成技术成果，很多同行要么直接聘请欧美高级人才，要么从国外购买知识产权，但是为了实现中国人自主研发的梦想，生性执拗的王永泉愣是带领研发团队一字一行地敲出几十万行GNSS板卡代码。2004年1月，华测研发成功中国第一台商用单频一体化GPS接收机X20，同年5月，又开发出国内首台内置电源的分体RTK接收机X60。这两款产品的部分技术实现了“国产原创”，在售价方面，同类产品国际品牌要卖十四五万元一台，华测的自主产品售价只有五万元，具有强大的市场竞争力。

2006 年，华测产品在国内投入全面应用，反应良好。3 月份，华测独立研发的 RTK 系统，在大兴安岭原始森林顺利完成了中俄边境线的测量任务。同年 6 月，华测另一款自主研发的 GPS 形变监测系统，成功应用在东海大桥的日常监测项目中。2007 年 8 月，连续运行的 GNSS 参考站系统 X60 CORS，在大庆油田投入多基站运行。

华测的破土而出和针对性市场应用，在业界掀起轩然大波。在见多识广的赵延平眼里，华测产品与国际领先产品相比，技术性能并无多少出彩之处，最大亮点在于自主研发；而在中国整个卫星定位市场，华测自主产品的横空出世，则撼动了利益链条的关键环节，美国天宝率先出手了。2007 年 11 月 12 日上海宝马展（Bauma China）开幕，赵延平正在天宝展区参观，美国天宝负责中国区域的副总裁柯锐思找到他，开诚布公地阐述了天宝总部对赵延平的决定：要么一心一意地继续代理天宝产品，要么离开天宝去做华测。谈话的结尾，柯锐思用一句中国俗语告诫赵延平——做人不能脚踏两只船。

痛苦的抉择

那是一个漫长而又痛苦的夜晚，也是华测企业史上一个伟大的夜晚，赵延平整整一夜没有合眼。为了让自己在权衡利弊的过程中保持清醒，他抽了三包烟、喝了三杯咖啡，被尼古丁和咖啡因刺激得心动过速。东方破晓时，他做出了人生最重要的一个决定——脱离天宝，放弃天拓基业，专注华测的成长。

做出这一决定的理由有两条：第一，虽然代理天宝非常赚钱，但是没有自由经营权，中国人的公司必须按照美国人划定的区域经营，稍有逾越就受处罚，他早就不愿再受这个窝囊气。

第二，中国的卫星定位市场前景非常远大，值得为之拼上后半生，这也关乎着自己理想如何实现。而当时的情况是，尽管有几款设备投放市场并得到应用，但作为一家成长型初创企业，华测的前景并不明朗。既然处于初创期，烧钱不可避免，每年需要投入 2000 万元左右，这个数额，恰恰是天拓基业一年的利润。也就是说，赵延平放弃每年 2000 万元的收入，转而去做每年投入 2000 万元的事业，这样的决定，不仅朋友们大为不解，就连美国天宝也表示莫名其妙，家人则认为他疯了。

2008 年 5 月，赵延平处理完天拓基业的善后事宜，从北京来到上海。当财务把账本摊给他看时，不由得倒吸一口凉气，他知道高新企业初期要烧钱，但华测烧钱数额之大、速度之快，远远出乎他的预想。筹备华测的时候，他和另外三位合伙人估算的总投资额为 500 万元，但是这笔钱不到一年就用得分文不剩，而且随着研发团队的扩容、研发技术的拓展、生产车间的陆续营建以及其他相关投入的增加，华测每年都要花掉一两千万元，需要不断追加大量资金，而这些后期补进来的资金全部来自赵延平在天拓基业的盈利。

截至 2008 年账务审核期，上海华测已经“亏欠”赵延平个人将近 6000 万元。让赵延平不解的是，华测已经运营到第五个年头，拥有极富创新意识的研发团队，拥有极具竞争力的产品，公司体量也不大，正式员工 117 名，为什么还要年年亏钱？赵延平与几位合伙人反复探讨这个问题，却始终找不到症结所在，他决定亲自解决企业存在的一系列问题。他从市场营销入手，找问题、定制度，建立起一套科学有效的营销体系。

在变革中前行

整个 2009 年，赵延平几乎没怎么在办公室待过，他换上工装，一头扎进基层，采用回溯方式，从市场部回溯到财务部，建立财务信息化，然后反溯到采购部门，解决了接单与进料脱节问题，再追溯到研发部，打通了研发与市场需求的通道。走完企业流程的各个环节，最后追溯到华测生产线，解决了生产效率和成品率双低的症结。作为华测董事长，赵延平的一个重要职责就是敏锐地发现问题，通过启动一系列变革措施解决这些问题，推动企业向前发展。为了履行这个职责，更为了华测的江山前途，赵延平不惜惹恼创业合伙人，顶着巨大压力完成了“09变革”。打通了供应链，建立起信息化平台，搭建了 ERP、CRM 和预算计划体系，变革效果立竿见影，华测实现了华丽转身，连续研发出 X90、X91、X300 GNSS 接收机、B20 信标机、A20 姿态仪和 CHS－100 测深仪、HN400 多波束探测仪等。

当年 10 月，耗资巨大的 GPS 双频核心主板研制成功并实现量产，从而结束了 GNSS 核心技术长期被欧美高价垄断的历史，完成了国产替代，标志着中国正式跻身卫星定位测绘大国。有了一系列拳头产品做支撑，华测终于在 2009 年转亏为盈，实现利润 900 万元。

2011 年 5 月 16 日，著名运载火箭与卫星技术专家、北斗卫星导航工程大总师孙家栋院士造访华测，听完赵延平关于华测公司和研发成果的介绍，孙家栋院士饶有兴趣地参观了华测研发中心和制造中心，高度赞扬了华测为中国卫星导航产业所做出的努力，肯定了华测在高精度测量领域所取得的可喜成果。孙院士说：“华测公司在高精度测量开发领域一直走在行业前列，堪为行业先锋！”他对华测殷殷寄语：“华测要抓住历史机遇，力争为中国卫星导航事业再做贡献！”孙家栋的鼓励对华测和赵延平无疑是巨大的精神力量，进一步坚定了赵延平坚持实现“中国智造”的民族自信心，也对后来华测不断突破西方技术垄断、批量推出自主产品播下无悔的种子。

三年后，孙家栋再次来到华测，对华测的快速发展赞许不已，欣然题写了“振兴中华 测绘天下”。

华测愿意打头阵

同所有成长型企业一样，华测的发展也历经了起伏坎坷。2012 年，由于对企业发展理念出现重大分歧，合伙人王永泉折现出走，还带走了研发部门的骨干团队。客观讲，这次“分家”，虽然对华测的技术力量造成了重大削弱，但远没有伤及核心。在赵延平的调度下，华测通过延揽高级技术人才和第二梯队递补两条途径，迅速补充研发力量，重振华测研发雄风，分别于当年 10 月和 11 月完成了国家科技部 863 重大专项“高精度定位服务系统及应用示范项目”和原总装备部“北斗长三角区域应用示范工程”高精度网络终端的建设项目。

2014 年年初，华测导航整体搬进上海北斗西虹桥产业园，自此进入全新的高速发展期。为了加速驶向由“通”到“智”的快车道，华测导航在原来数字化的基础上，围绕产品与业务、组织与管理再次进行转型，重新整合企业流程，寻求科技赋能，搭建起高度协同的数智化应用平台，实现 PLM 体系管理。同时构建起“敏捷计划体系”及“智能生产管理体系”，实现了快速响应客户需求，提高交付准时率，缩短了生产周期，脚踏实地地向规模化生产迈进。

一个活力十足的现代化高新技术企业呼之欲出。

2015 年，为了研发北斗地基增强系统，赵延平前往美国考察学习。“北斗地基增强系统”是一套可以使北斗卫星定位精准度达到厘米级的系统，而赵延平给华测定下的目标是研发到毫米级。该系统一旦研发成功，高精度应用将一举超过美国的 GPS 系统，对我国国防安全、经济发展和民生应用都有重大意义。目标归目标，现实归现实，将数万公里外的卫星载波定位到地面厘米甚至毫米的频段上谈何容易！当时地面大型参考站建设技术被美国和瑞士的两家公司垄断，软件上我国更是一片空白，其他公司不敢上、不愿上，华测没有顾虑，愿意知难而上。赵延平在写给员工的公开信里说："国家利益至高无上，为了国家利益，我赵延平心甘情愿做先行，华测愿意打头阵。"

高品质铸就“珠峰”精神

8 月 22 日晚，赵延平回国前夕，美国西海岸大雨滂沱。赵延平在旧金山市场街一家餐厅同硅谷几位美国卫星专家共进晚餐。席间一位朋友透露，他听说有位教授开发出一套软件，应该对地基增强系统的深入研究有所帮助。仔细询问得知，开发者是圣迭戈大学电子工程学的华裔教授，姓黄。但是旧金山距离圣迭戈五百英里，因为大雨夜班飞机全部停飞，赵延平的航班也无法改签，因为一天后他要在上海华测迎接以原武汉大学校长刘经南为首的六位院士，对华测研发的三系统八频点信号处理及解算能力“高精度军民两用北斗核心板卡”进行评审鉴定。

基于数智化的华丽转型

为尽快见到黄教授，赵延平决定开车去！他向朋友借了一台车，加满油，打开导航连夜上路。一路上大雨倾盆，险象环生，狂奔 8 个多小时，终于在第二天清晨赶到圣迭戈。黄教授被赵延平的诚意打动，把他编写的软件“卫星导航参考站算法技术”交给赵延平，这对华测的技术攻关起到了积极作用。当年 9 月，华测的北斗地基增强系统开发成功，再一次突破了外国公司的技术垄断，同时为我国的测绘数据安全提供了技术保障！华测研发的这一系统，不仅突破了复杂地形基站建设难题，还兼容中国北斗、美国 GPS、俄罗斯 GLONASS 和欧洲伽利略四大卫星系统，各项指标均达到或优于国外地基增强系统水平。10 月份，该项目荣获上海科技进步奖二等奖！

三步走，打造数智赋能体系

虽然华测导航的员工只有 1000 多人，但却是一家将管理看得非常重的企业，每年都会投入资金用以提升管理水平与数字化建设，赵延平谈到。企业的管理就像是人类身体的神经系统，它能够深入企业的方方面面，包括最小的细枝末节都要管理到位，也就是说企业中的一个螺丝都要能够管理控制到。

2018 年 11 月 28 日，华测导航全面启动数智化转型，董事长赵延平、总裁朴东国、副总裁杨云、财务总监高占武、信息化总监高鹏丽等企业领导出席了项目启动会。用友方出席启动会的领导主要有用友上海副总孙伟松、集团 U9 实施专家翟国安、用友上海 SRM 资深项目经理周伟伟、销售经理张吉光等。华测的数智化进程分三个阶段，第一阶段是由“缺”到“全”，实现可管；第二阶段，由“全”到“通”，实现可控；第三阶段就是由“通”到“智”，实现可见。目前实际上处在第二阶段，也就是不断打“通”的过程。虽然还正在向第三阶段前进，但是华测导航已经感受到了数智化的价值。

首先是集成产品开发实现管理变革，通过规范化、标准化的管理流程体系，实现跨部门、跨组织的协同研发与生产，为生产更优秀、更有竞争力的产品提供支撑。因为公司的产品是小批量、多品种，要快速适应市场变化，有时甚至是按订单生产制造，要保证生产线持续的生产状态，因此切换生产线的频率比较高。通过用友 U9 cloud 开放平台，将

MES 以及 CRM 订单系统等进行集成整合，不但实现了产品的全生命周期管理，还构建了智能化生产管理体系，保证了根据市场需求，保质、适量、准时地进行产品生产。

其次，因为产品种类多，有超过 300 种，既要保证生产，又要避免对未生产产品进行大量零部件的采购，形成库存积压，还要进行精细化成本核算。华测导航通过网络化协同，打通市场与研发、市场与供应链、研发与供应链等不同系统之间的隔阂，构建了敏捷计划体系，打造出敏捷柔性的供需链。

在考核方面，建立多层次责任考核，依据公司的矩阵组织结构进行全面预算和责任核算。同时，在公司日常的运营和经营过程中，将内部很多大数据，通过智能化管理系统、多维度多场景的报表、各种各样的算法模块集成核定，使其发挥引导决策的作用。

目前，公司还构建了 L2C，即从线索到现金的业务流程，从市场信息的获取到订单跟踪，再到商务谈判、交付、回款，通过整套流程，实现了全链路数据共享和精细化管理。

两年的时间段内，华测成功上线了用友 U9 cloud、用友 PLM、NC HER、用友 SRM、用友 BI、用友税务云等产品，促进不同职能部门之间的全面协同，打通端到端业务链；贯通了产供销一体化、业财一体化、制造与执行一体化，形成决策、管理、运作、服务的“企业大闭环”，企业模式得到彻底变革。在数智化赋能的加持下，华测通过用友高端制造业软件平台来弥合科技鸿沟，不断延伸 U9 cloud 的 BIP 基座，尽情享受制造业云时代的数据服务，加快创新速度，由 1 条生产线发展到 10 条，迅速成长为中国制造业专精特新“小巨人”企业。截至目前，华测导航已经建立起时空地理信息、无人智能系统、精准农业服务、数字施工建设、商业导航五大产业，在全国拥有 29 个全资子公司、3 个控股子公司和 4 个参股公司，在美洲、欧洲、非洲以及东南亚设有

10 个分公司，海外业务遍及 130 多个国家和地区，企业员工 1400 余人，其中产品研发人员超过 600 名。

华测导航已经成功导入 6S 管理，未来还将引入精益制造将管理做深做细，同步进行数智化。因为信息化是以流动和管理为主，基于信息化的数据挖掘分析和决策，让数据发挥更大的作用，要数据业务化，才能实现数智化。

数字化转型项目启动会

永远领先一点点

华测的研发能力和新品推出速度在业内有目共睹，2020 年以来大力拓展无人驾驶技术，开发遥感测绘无人机、无人船，可谓上天入水，无所不能。其研发的华微 6 号无人船和多平台激光雷达，分别于 2020 年 11 月、2021 年 4 月两次登上美国 *GPS WORLD* 杂志封面！有了自主研发的高精度 GNSS 基带芯片“璇玑”做后盾，华测未来准备大规模应用无人技术，不仅是无人船、无人机，还有无人车和移动机器人。看准华测导航的技术优势、研发特长和创新能力，哪吒汽车和另一家车企已经就“高精度卫星加惯导定位的自动驾驶必要配置”达成共识，与华测签订了“自动驾驶位置单元业务”定点供应商协议。

2021 年 3 月 1 日，华测向市场推出“五星十六频 RTK”高精度 GNSS 接收机 i70 惯导版 RTK，随后陆续上市 i90、B5 和 X6 三个系列产品，抢占了行业制高点。所谓“五星十六频”是指中国北斗 BDS、美国 GPS、俄罗斯 GLONASS、欧盟 Galileo 及日本 QZSS 这 5 套卫星导航系统，分别使用 BDS、GPS、GLONASS、Galileo 的 3、3、2、3 共 11 个基础频点；由于中国北斗三号卫星导航系统 2020 年下半年刚刚开通，而日本 QZSS 属于准天顶区域性功能卫星扩增系统，极少有卫星定位厂商使用它，华测惯导 RTK 不仅及时增加北三系统的两个频点，还加入 QZSS 的 3 个频点，总共 16 频，可以轻松应对密林、老街、基坑等多场景遮蔽地形，将测绘固定率提高了 27%，GIS 数据采集也更加高效、精准。

随着华测创新能力的稳定增强，尖端产品的更迭率远远超越业内同行。但是赵延平从来不认为华测有多么强大，即使在“璇玑”研发成功，带动企业的核心竞争力大幅提升之际，他依然保持冷静。在他眼里，科技全球化大大降低了高新技术的门槛，卫星定位测绘技术已经不

华测导航主要产品

再神秘，“大家肩膀一般齐”。基于这样的考量，他给华测制定了技术发展战略——永远领先一点点。赵延平说得没错，在每家企业都在向前奔跑的情形下，领先一点点已经很不容易。

让灾害来得不再突然

华测产品的广泛应用还体现在地灾监控领域。2021 年 6 月以来，广西河池市天峨县连降大雨，一些村寨存有滑坡隐患。7 月 1 日 14 时 03 分，三堡乡小板台屯发生了山体滑坡，大片泥石裹挟着树木植被从山上倾泻而下，巨大的冲击力瞬间将山脚一栋楼房和两间平房夷为废墟。这里原本住着两户人家 19 位村民，得知滑坡毁房消息，乡亲们急忙赶来救人，但令人惊奇的是，竟然没有一个人被压在废墟里。原来，广西河池市于 3 月份在 147 处地质灾害隐患点布设了 1200 套华测公司的普适型滑坡自动监测系统。该系统基于北斗精准定位技术，由 GNSS 接收机、压电式雨量计、土壤含水测量仪、微蜂传感器、监控站和报警器等设备组成，实时记录灾害体变形、环境变化、含水量增生、裂缝与倾角的加大数据等，对斜坡类地质灾害实施 24 小时监测。小板台屯山体滑坡发生前 3 分钟，华测地灾系统预先嗅到危险气息，及时发出蜂鸣报警，村里的地质灾害监测员听到警报，紧急组织附近 19 位乡亲撤走。灾害猛于虎，正是华测地灾自动监测系统从死神手里抢来的短暂 3 分钟，避免了一场多人死难的重大地质灾害。

事实上，在预报此次滑坡前，华测的地灾系统已经在河池成功预警了 4 起滑坡灾害，阻止了 150 多人因灾伤亡。

早在 2006 年，赵延平尚未到上海履职，就明确公司成立“监测集成部”。当时很多人包括创始伙伴都不理解，认为那是一个“有投入，没产出”的鸡肋。在众人皆不看好的环境下，监测集成部默默耕耘了

16 年，结合 INSAR、地基 SAR 等高新技术，研发出数百款应用类产品，承建了 1000 多个监测项目，参与了港珠澳大桥健康监测、国家南水北调渠坡监控、溪洛渡水电站山体监测等重大工程，累计营收超过 6 亿元。广西河池地灾成功预报只是诸如贵州六盘水滑坡监测、甘肃舟曲泥石流监测等一系列地灾自动化监测项目中普通的一个。目前，华测导航广泛参与国家地质灾害防治事业，监测集成产品已经应用到全国 20 多个省市，普适型监测设备安装使用 3 万余套，华测公司“让灾害来得不再突然”的愿景正在逐步变为现实。

测出珠峰新高度

2020 年 5 月 27 日 11 时整，“中国 2020 珠峰高程测量登山队”成功登顶珠穆朗玛峰，通过科学测量，得出珠峰新高度为 8848. 86 米，完成高程测量任务的就是华测研制的自主设备 GNSS 智能接收机 P5。在此之前，我国已经在 1975 年和 2005 年对珠峰进行过两次高程测量，使用的均为美国设备，这次使用完全拥有自主知识产权的国产设备，对激发民族自信心、提振民族高端制造业跻身世界的勇气，都具有强大的激励意义。

2019 年 10 月，华测参与了自然资源部“国家任务”的设备供应竞争——为 2020 年珠穆朗玛峰高程测量提供北斗高精度定位设备。珠穆朗玛峰测量难度极大，对峰顶的测量难上加难，既是对人类身体极限的挑战，也是对测量设备性能、参数和指标的巨大挑战。珠穆朗玛峰 8800 米以上的高度气象环境极为恶劣，气温最低可达零下 45℃，气压只有 30kPa，不到正常值 101kPa 的 1/3，普通测量设备根本无法开机工作。如此重大的项目，如此艰巨的挑战，面对不容出现任何闪失的国家任务，赵延平不敢独断，召集会议让中层干部各抒己见。经过充分讨论，公司上下达成共识——作为国内测绘仪器装备的领先企业，经过多年的研发投入和产品打磨，华测应该且必须通过完成珠穆朗玛峰测量向全世界证明中国制造的实力。看到大家情绪如此高涨，赵延平为员工的爱国情怀而感动，他动情地说："这次任务我们绝对要靠品质取胜，如果不是，即便侥幸成功了也毫无意义。"

很快，由副总裁王向忠担任总指挥的"华测珠峰项目"成立，36名精干成员从不同部门抽调到一起。大家首先选定登顶设备，决定使用在全球 CORS 网络建设中使用量超过 5000 台、久经考验的 GNSS P5 智能接收机。定机之前，项目团队对 P5 做了重大改进，把设备带到恶劣环境里进行连续测试和反复试验，然后根据反馈数据不断改进、层层提高，保证了华测设备在下一步送检环节中占得先机。根据担负登峰测量任务的国测一大队的要求，测量设备必须操作简单、一次成功，绝对不能返工重测！因为在峰顶的极端气候里，测量队员都戴着厚手套操作，过度复杂的开关按键既影响操作也会延长测量时间，而对身处缺氧状态的测量队员而言，在峰顶多停留几秒钟，就多几分生命危险。另外，多设计一个开孔或多留一个按键，就意味着设备多了一个发生意外的点，所以"特 P5"改成了只有一个开关和一个四向按键，前、后面板也都改为边缘凸起式防摔设计。

当然，在主设工程师张沛尧心里，最大的难点是解决设备如何在低温低压里一次开机并正常工作，经过技术团队的群策群力，终于在春节前研发出低温锂电池、耐低压芯片和耐低温材质的扼流圈天线，其他关键元器件也进行了材质升级。但是，突如其来的新冠肺炎疫情打乱了"特 P5"的研制进度，由于合作供货商停工，特制的配套线缆无法按期产出，项目经理徐升不断沟通协调，为了赶在送检前拿出完整设备，不得不告诉供货商这是国家任务。听到"国家任务"四字，对方连夜开工，终于如期交付相关配件。

事实上，与华测一起入围珠峰测量任务的共有五家企业，为了甄选高品质设备，自然资源部要求每套设备必须通过三次国检。一次次送检，一次次打磨，最后一次国检下来，华测 P5 成为唯一过关设备。最后定型交付的“特 P5”具有三大特点：一是可在超低温环境里长效工作 12 小时；二是可在 25kPa 超低压空间正常开机工作；三是整体采用加固防护设计，显示屏跌落无损，每个接口也都装有安全连接器。2020 年 4 月 3 日，测试工程师张党魁护送“特 P5”来到海拔 5000 米的西藏定日县城与国测一大队会合，他的任务有两个：一是对国测队员进行操作培训；二是调试仪器设备。

5 月 6 日，测量登山队第一次出征冲顶，由于山上出现流雪而下撤；5 月 16 日，测量登山队第二次向峰顶发起突击，但受气旋风暴的影响，7790 米以上区域积雪过深，再次下撤回大本营；5 月 24 日，测量登山队从 6500 米营地出发，第三次向顶峰发起突击，他们在 7790 米的二号营地遭遇暴风雪，三顶登山帐篷被大风撕碎，队员们不得不挤在仅剩的一顶帐篷里避风，即便如此，所有人都小心翼翼地护卫着华测测量仪，生怕 P5 受到损伤而无法完成测量任务。在 8300 米突击营地充分休整后，27 日凌晨两点，8 名队员向顶峰挺进，终于在 11 时整成功登顶。

登顶成功并不代表测量成功，赵延平和华测员工都守着屏幕观看中央电视台的直播。时间一分一秒流逝，直到下午 1 时许，前线记者才跟进报道了华测接收机在峰顶开机工作并瞬时搜到 56 颗卫星的消息，直到此时，赵延平一颗高悬的心才落回胸膛。在珠峰之巅搜到 56 颗卫星，这是多么伟大的设备，那一刻，赵延平爱上了 P5！但是，他还不能为 P5 欢呼，不能为华测庆祝，因为测量数据此时还储存在仪器里，要等测量登山队下撤到大本营后再将数据拷出。5 月 28 日晚 8 时许，P5 数据保存完好并被顺利回收，灯火通明的华测公司响起一阵热烈的欢呼！

12 月 8 日，国家主席习近平向世界宣布珠穆朗玛峰最新高程——8848. 86 米，这个数据属于中国，属于登山勇士，也属于“永远领先一点点”的华测。

珠峰展架

专家点评

华测导航专注于高精度导航定位技术的研发、设备制造和产业化推广，是国内高精度导航定位产业的领先企业之一。持续打造高精度定位芯片技术平台和全球星地一体增强网络服务平台，应用方向包括导航定位授时、测绘与地理信息、封闭和半封闭场景的无人驾驶。在多个领域实现了国产替代和超越。公司走创新驱动发展道路，高度重视科研，迄今荣获国家技术发明奖1项、国家科技进步奖3项、上海市科技进步奖7项，拥有自主知识产权近500项，是国家企业技术中心，并设有国家模范院士专家工作站。在2020年珠峰高程测量中，由公司研制的北斗高精度定位设备作为唯一国产北斗装备登顶珠峰，彰显了公司先进可靠的技术实力，无愧该领域的领军企业。孙家栋对华测的快速发展赞许不已，欣然题写了“振兴中华 测绘天下”。

华测的快速发展离不开数智化的支持，通过用友高端制造业软件平台来弥合科技鸿沟，不断延伸U9 cloud的BIP基座，尽情享受制造业云时代的数据服务，加快创新速度，由一条生产线发展到10条，迅速成长为中国制造业“专精特新”小巨人企业。目前为止，华测导航已经建立起时空地理信息、无人智能系统、精准农业服务、数字施工建设、商业导航五大产业，在全国拥有29个全资子公司、3个控股子公司和4个参股公司，在美洲、欧洲、非洲以及东南亚设有10个分公司，海外业务遍及130多个国家和地区，企业员工1400余人，其中产品研发人员超过600名。所有这些，都由数智化系统进行智能化管理和协同，这就是数智化给予华测的力量。

——崔晓阳 中国软件行业协会 数智化管理专家

采访手记

按照约定时间，华测CIO高鹏丽带领采访小组去见董事长赵延平。和其他企业董事长的独立办公室不同，赵延平的办公室位于华测软件开发部里面，也就是说，到达他的办公室要先穿过坐满几十名员工的巨大空间。向里走的时候，甬道尽头的玻璃窗下有一个人正在饮水机前接水，虽然背对我们，但我认定这就是赵延平。

赵延平沉稳平和，一点儿上市公司董事长的架子都没有，像一棵粗壮结实的大树，让人不由得产生依靠感。他不善寒暄，却极具亲和力，说话慢声细语，却把观点表达得非常清晰，而且让人记忆深刻。这次采访我有两点印象最深：一是他的谦逊。整个采访过程中他从不说自己的企业是业界龙头，最多承认华测处于行业第一集团，他认为如果非要说华测具有领先优势，也只是领先一点点。本文标题“永远领先一点点”其实已经篡改了他的版权，他的原话是“持续领先一点点”。二是博学。出于丰富的经历和见识，赵延平在访谈中时常带给我们一些惊喜。比如在讲到整个中国制造业的成就时，他说每家制造业企业都有高精尖人才，从华测一家就能推想到整个行业，这时他脱口说了一句“见檐下之冰而知天下之寒也”。这句话出自《淮南子·说山训》，原话是“睹瓶中之冰，而知天下之寒”，赵延平把瓶子换成了屋檐，见过屋檐结冰，他的确是东北人。

采访结束前，我问他有没有对华测进行大外宣的打算，他不假思索地回答“没有”，他说：“我们只想脚踏实地地做事，把事做好。”

每个字都很简约，佛系得很。

科华控股

行业“隐形冠军”的数智化进阶之路

科华控股股份有限公司（以下简称“科华控股”）位于江苏省溧阳市竹箦镇。它的前身是2002年成立的“溧阳市联华增压器制造有限公司”。经过20年的发展，科华控股从一家只有20几名员工的乡镇企业，发展到今天拥有3000多名员工、4个厂区、营收超过16亿元的国家级高新技术企业，获得“国家级绿色工厂”“中国铸造行业排头兵”“中国优秀民营科技企业”等荣誉称号；被江苏省认定为“江苏省（科华）涡轮增压器部件工程技术研究中心”“江苏省企业技术中心”和“江苏省重点企业研发机构”，并于2018年1月在上交所主板成功上市。在不到20年的时间里，完成了“家庭作坊乡镇小厂→高新企业→上市公司”的三级跳跃，市场份额国内第一、国际第三，成为30多家“世界五百强企业”的全球供应商，科华控股完美地展示了民营企业这只金凤凰从草窝飞腾而出的时代画卷。其独特的发展模式、踏实的经营策略和灵活的战略规划令人赞叹，值得制造业特别是制造业细分领域的企业借鉴。

科华控股股份有限公司
董事长 陈洪民

科华控股的办公楼位于江苏省溧阳高新区竹箦镇余桥村，这里既是科华老厂区的所在地，也是董事长陈洪民的家乡。在这座四合式庭院建筑里，引人注目的不是主题鲜明的“法治讲堂”、课程满满的“创新管理学院”、人才济济的“技术研发中心”，也不是书刊丰富的“职工书屋”、设备齐全的“职工运动中心”、独具特色的“心理疏导室”，而是内容翔实的“党建文化中心”。陈洪民是1986年入党的老党员，曾经担任过“余桥乡建筑安装公司”的党支部书记，深知党建对“非公企业”员工队伍建设的重要性。在“联华增压器制造有限公司”成立的翌月，就报请镇党委成立了“联华党支部”，亲自担任党支部书记。随着企业的不断扩大，员工人数持续增加，党员职工的比例也在逐年增多，今天的科华控股已经拥有80多名党员，党支部也升格为党总支。百事缠身的陈洪民不仅继续担任党总支书记，而且率领党总支一班人探索出“1133和党建+”这条具有科华特色的党建新途径。

党建引路，科技赋能；追求卓越，数字先行。2020年，科华控股牵手用友，搭建U9 cloud管理平台，对企业进行数智化转型升级。这一华丽转身给企业带来了显著变化，在遭受疫情反复影响的情况下，2021年前三季度营收达到14.46亿元，比上年同期增长了26.29%！更令人惊喜的是，随着南厂区4条MES、AIoT系统的成功上线运行，科华控股先人一步将生产车间升级为“智能工厂”。正如陈洪民所言，“用友U9 cloud系统的上线只是起点，接下来的数智化转型升级工作任重而道远”，在用友U9 cloud数智化平台的强大赋能下，科华控股这家行业隐形冠军正在通往“中国制造2025”的高速路上风驰电掣。

四十八岁的创业者

1954 年 8 月 9 日，陈洪民出生在溧阳市竹箦镇余桥村，父母均为教师，父亲还是“镇江师范”48 届的高材生。在这样一个书香门第长大，陈洪民从小就养成了温文儒雅的气质和沉稳干练的风格。采访中，他亲切温和的待人态度、条分缕析的哲理思路，给笔者留下深刻印象，一点儿也不像掌管着偌大一家企业的董事长。照理说，在这样一个家庭长大，陈洪民应该有一个光明的未来，但是“文革”改变了他的命运走向，刚刚初中毕业的陈洪民不仅被挡在高中校门之外，也被剥夺了参军、招工的资格，17 岁的大小伙子成了一个无所事事的闲人。

荒年饿不死手艺人

陈洪民没有自甘消沉，他反复品味父亲常说的一句话“荒年饿不死手艺人”，于是决定学一门技艺自谋生路。他认真衡量自己的处境，当年的余桥是溧阳有名的大丘圩，河道纵横，面积宽广，周边分布着好几个村庄，有很多开河修桥筑坝建房的技术活儿。在父母的支持下，他跟随同村工匠学习瓦工，刚开始给师傅当小工，和泥、搬砖、吊线、抹灰什么活都干，一年后出徒，自己独掌工作面，每天能挣一块三毛钱。但这样的“高收入”并不是天天有，由于出身问题，陈洪民过不了政审关，无法进入任何一家集体建筑队，只能跟着师傅接一些散活儿；没有建筑活儿的时候，就下田种地，与普通农民没有任何区别。1977 年，随着“文革”的结束，形势有些松动，陈洪民被招入镇办建筑队，成为每月领 32 块钱工资的大工。但这 32 块钱并不直接发到他手里，其中的 28 块钱要交到生产队，换取每天十分工的工分，每月只发给他 4 块钱。十一届三中全会之后，中国正式拉开改革开放的大幕，陈洪民跟随乡镇建筑队去南京承揽建筑工程，在南京一干就是漫长的 20 年。

这是胼手胝足的 20 年。20 年里，陈洪民干过的工地数不胜数，输油码头、南京钢铁厂、南京热电厂、南京化工厂、扬子化工厂等大中型基建工地都有他辛苦劳作的身影。建筑公司的足迹遍及全国各地，哪里揽到工程就去哪里，陈洪民所在的“余桥建筑安装工程公司”最远到过青海西宁、甘肃玉门，但最多的是在南京、上海两地施工。那个年代建筑工地的环境远没有现在这般舒适，很多工地连个像样的工棚都没有，大家只好露天睡觉，夏天还好说，虽有蚊叮虫咬，支上蚊帐就能睡着，但经常被夜半的雨水淋醒。冬天最是难挨，多少个冬天，陈洪民和他的伙伴裹着棉絮睡在芦席筒里，清晨睁开眼睛，寒霜雪花落满头。生活更是艰苦，每月生活费只有 6 块钱，建筑工人卖的是苦力，全靠饭菜当家提劲儿，工地食堂的清汤寡水吃不饱肚皮。陈洪民便向公司领导陈情，每月由公司派车回趟余桥，从各家拉回一袋大米自己蒸饭。

将上海车间搬回家

这是“天将降大任于斯人”的 20 年。20 年里，陈洪民付出了艰辛和汗水，也得到了锻炼和成长，他从建筑工到队长，再到经理；从普通农民到中共党员，再到党支部书记，身份有了显著变化，思想有了长足进步。1988 年年底，中国农村开始实施土地承包，不久，“承包”政策波及中国农村的多个领域。利用这股春风，陈洪民拿出多年积攒的 1.2 万块钱，于 1989 年承包下“余桥建筑安装工程公司”，成为名正言顺的个体工程承包商，带领 100 多名同村同乡的建筑工人继续在城里的工地间奔波、打拼。

1994 年初春，经过弟弟的引介，陈洪民的建筑安装公司来到上海，给上海液压件铸造厂移装设备。上海液压件铸造厂位于武夷路 555 弄，隶属上海市机电局，是“机电工业学校”的实习工厂。别看是一家实习工厂，液压件铸造厂可是鼎鼎大名，成套的俄国进口设备、扎实的经验技术以及精细的工艺流程，在上海乃至华东铸造业名列前茅。移装设备过程中，铸造厂厂长张扬对陈洪民及其带领的施工队伍赞赏有加，对他们认真负责的态度、丰富老到的经验、熟练专业的技术、吃苦耐劳的精神各方面给予高度肯定。当年的上海已经掀起了房地产大潮，位于浦西黄金位置的液压件铸造厂处于“待迁”状态。有一天傍晚，张扬厂长同陈洪民闲聊，突然问陈洪民在老家有没有闲置的空地。陈洪民不假思索地回答：“我们建筑公司的大院一直闲着。”张扬伤感地说：“厂子很快就要搬迁，但是迁到哪里还不知道，也许再也建不起来了。”停顿了几秒钟，接着说：“这么好的一个厂子就这样拆掉多可惜。你老家有土地，想不想接手做铸造?”陈洪民直言自己不懂，张扬非常严肃地说：“只要你做，技术上的事交给我们。”

两个守信的人就这样谈妥了一项产业转移，一切云淡风轻。为了减轻陈洪民的资金压力，两人商定迁厂项目分两步走：第一步先将工艺较为简单的“覆膜砂车间”迁到余桥。陈洪民立即行动，对建筑公司的旧房屋进行工业改造，请南京热电厂总工程师设计工业自动化系统，出资30万元购买混砂机等机械设备，然后交给芜湖的“机械工业第四设计院”进行安装调试。1994年8月18日，“上海液压件铸造厂覆膜砂壳型车间”在“余桥建筑安装公司”院内投产运营，包括陈洪民在内，“壳型车间”共有22名员工。

企业早期简陋的车间

科华的前身叫联华

“壳型车间”的早期产品与今天科华的主打产品汽车涡轮增压器外壳毫无关系，主要是一些六通、十通、泵身、阀体、传动铸件等液压机部件。从本质上讲，余桥只是上海液压件铸造厂一个单独核算的车间，铸件从上海运来，在余桥工厂进行砂基覆膜，清理完工后再运回上海，成为成品销售。说穿了，陈洪民的小厂完全没有自主经营权，既不能接单也不能设计，更不能销售，上海液压件铸造厂送来什么产品，就加工什么产品，单纯赚取前道工序覆膜砂环节的加工费而已。所以陈洪民没有把“壳型车间”当主业，他的主要精力仍然放在上海和南京的工程上。另外，严酷的现实也不允许他放下建筑，虽然有上海派来的技术员驻厂把关，“壳型车间”从投产那天开始一直亏损，他必须把外面赚到的钱不断投到铸造上来。这样的情况持续了大约一年，陈洪民前前后后又投入几百万元。

两年后，上海液压件铸造厂整体向外搬迁。在张扬厂长的建议下，陈洪民将铸造车间也迁到余桥。与“壳型车间”不同，铸造车间不仅投资更大，而且需要面积更大的场地，已被“壳型车间”占据的建筑公司大院根本容不下，陈洪民必须另选厂址。与建筑公司一路之隔有一家电视机厂，是上海“飞跃电视机”的代工厂，因经营不善而倒闭，在乡政府的协调下，陈洪民用 50 万元买下电视机厂，铸造车间得以顺利上马。即使购买了新场地，与今天的庞大产能相比，铸造车间当年的规模仍然很小，第一台铸造电炉只有 250 千克，根本谈不上吨位，而就这样一台小得可怜的电炉却因为频频停电而无法作业。20 世纪 90 年代后期，正是全国第一波城市基建高峰，电力供应非常紧张，农村和农业首当其冲，成为“保城市、保基建”的牺牲领域，限电甚至断电成为家常便饭。为了按时完成上海发来的订单，陈洪民从无锡买来两台柴油发电机，一台功率 250 千瓦，专供电炉生产；另一台功率较小的 125 千瓦，用来保证两个车间其他设备用电。

不久，机加工车间也由上海迁到余桥。三大车间配齐，陈洪民前前后后投进了一两千万元，不仅花光了全部积蓄，还欠了很多债。1998 年是他最困难的一年，大年三十晚上，家家户户看春晚，陈洪民独自一人待在办公室——除了账面上几百万元欠款，口袋没有一毛钱，他不敢回家，不是害怕妻子吵闹，也不是后悔接手工厂，而是为没能经营好企业深深自责。

2002 年，陈洪民 48 岁，已届知天命之年，精力和体力都不允许他再在余桥和沪宁之间往返奔波。此时的陈洪民面临一个两难选择——继续轻车熟路地承揽建安工程，还是转战陌生的制造行业？前者没有任何风险，后者则无法预知未来。整整一个 5 月，陈洪民都在痛苦地思考，所有焦虑堆积到最后，两个问号渐渐清晰：一是当年为什么外出打拼？答案一目了然，自然是为了赚钱。二是为什么要外出赚钱？如果当地有企业，溧阳人何苦去到几百上千里外的地方打工？君子弃瑕以拔才，壮士断腕以全质。想通这两个问题，陈洪民做出决定，放弃城里的建筑业务，回到余桥踏踏实实经营铸造，而且要把企业做大，让乡亲们不再背井离乡去外地打工，用一人富带动大家富，为家乡的经济发展贡献一份力量，这就是陈洪民回乡创业的朴素初心。

2002 年 6 月 13 日，陈洪民的“溧阳市联华增压器制造有限公司”在原“余桥建筑安装公司”院内挂牌成立。鞭炮声中，一个属于 48 岁创业者的新时代拉开了序幕。

千锤百炼的隐形冠军

陈洪民是个重感情、讲情义的人，时至今日，他依然对当年解散建安公司充满愧疚。当年公司有 100 多名同甘共苦的员工，大部分是余桥、竹篑的乡亲，还有一些外地人；而自己的小厂最多只能安排 50 多人，剩下的工友主要是外地工人，虽然每人多发了相当于几个月工资的遣散费，陈洪民仍然觉得对不起他们。

一张意外得到的订单

很多人都不明白，科华最初只从事液压件铸造，是上海液压件铸造厂的“外挂车间”，2002 年挂牌时厂名却出现了“增压器”三字，原因何在？在铸造行业，“液压件”和“增压器”虽然同属重力浇铸，但在铸材熔炼、材料配比、工艺标准等方面却相差很大。企业产品之所以发生如此重大的转变，并不是陈洪民的决策，也与产品销路无关，完全源于一次偶然。

1998 年 5 月 9 日，“北京国际铸造工业展览会”在中国国际展览中心举行，陈洪民和张扬厂长带着自己的产品应邀赴京参展。那次展会的规模不是很大，有 70 家左右的厂商参加，展出各类铸件 1500 多种，这也说明国内铸造行业的萧条现状。铸造业属于制造业中的冷门行业，自然无法与车展、家电展的红火相提并论，不仅少有观众，前来观展的客商也是稀稀拉拉，陈洪民、张扬厂长和工程师丁宝栋三人在自家展台闲得无聊，便到大厅里闲逛，借此机会观摩其他厂家的产品。第二天时近正午，来了几位外国访客，对联华的一款“斜盘式柱塞泵铸件”产生了浓厚兴趣，领头的老外拿起铸件，里里外外仔细摩挲，对着腔体流道口径比来比去，然后同其他人小声交流意见。对方翻译介绍他们是美国联信公司的采购商，从上海过来，正在寻找合适的铸造合作工厂。在当年，“美国联信”（Allied - Sicnal）在业内可是大名鼎鼎，这家国际巨无霸企业专业研发、生产发动机增压器，业务范围涵盖航空发动机和汽车发动机，对增压器壳体铸件的需求量巨大。

联华时期老照片

几分钟后，老外一行转向其他展台。临行前，翻译和陈洪民、张扬等人交换了名片，陈洪民记住了翻译的名字谷德祥。展览会结束后不久，这位谷德祥先生竟然按照名片上的地址，带着联信的工程师来到武夷路555弄，把一张“汽车涡轮增压器中间壳”的设计图纸和一件英国制品交给张扬，张扬带着图纸来到余桥，陈洪民立即组织工程师团队着手研发。经过 4 个多月的设计和试验，终于赶在年底前将样品交到联信公司，双方从此展开了延续至今的愉快合作。也是从那年开始，增压器零部件逐渐成为陈洪民的主打产品，联华正式步入汽车铸件行业。

科技创新结硕果

对科华而言，2004 年是一个具有里程碑意义的年份。这年 6 月，国家发展改革委出台了《汽车产业发展政策》，鼓励发展汽车工业、刺激汽车消费，国内汽车产业出现了产销两旺的形势。车企的日益增多，致使涡增器关键部件的需求量也随之猛增，联华出现了压单情况。8 月份，联华产品成功打入国际市场，霍尼韦尔公司从联华采购了一批“涡增器中间壳”，运到美国总厂。这单合同数额不大，只有几十万美元，但意义重大，标志着国际高端汽车零部件中有了“中国制造”！随后，多米诺效应开始显现，相继有不少国际车企成为联华的客户，液压件客户有美国卡特彼勒、日本的松下、三菱、小松；涡增壳客户除了美国的霍尼韦尔，还有日本石川岛、德国大陆等。

客观地讲，此时的科华为上述客户供货已经在满负荷运转，面对突然涌来的大批国外订单，小小的生产线显得太过简陋，即使 24 小时连轴转，也根本无法满足庞大的市场需要。2005 年，陈洪民在余桥建立了一座专做涡壳铸件的新厂，产能得到进一步扩大，这便是今天的东厂区。12 月 6 日，企业更名为“溧阳市科华机械制造有限公司”，原来之所以叫“联华”，取的是余桥与上海联手发展的意思；“科华”则寓意着“以科技振兴中华”。陈洪民将科技创新提升为决定企业未来的第一要素，说明他已经摆脱了普通农民企业家的局限，具有了经营企业的战略眼光和民族视野，正因为这关键一招，科华才从国内众多的铸造企业中一骑绝尘，脱颖而出。

重视科技创新，倚重技术人才，是科华多年来奉行不渝的方针。2007 年“技术研发中心”成立后，科华每年都把营收的 5% ~7% 投入到产品研发上。高投入带来高成果，2008 年，“汽车增压器水冷外壳”问世，这是科华第一款自主研发的产品，为后续自主研发给予了极大鼓舞。2009 年，“高镍涡壳全套生产工艺”研发成功，并于当年 6 月正式投产；该项目有两层自主知识产权，第一是“高镍合金”的材料配比，第二才是生产工艺。特别是镍基合金，之前一直依赖美、德、日进口，价格、批量、交货方式处处受制于人，科华研发成功后，高镍合金铸材基本实现了国产替代。2012 年，科华又研发出“耐热钢涡轮外壳”，这款产品技术参数极高，对生产工艺也有异常严苛的要求。科华投入大量资金，聘请尖端人才，耗时十年终获成功。依据这两项技术成果，2016 年 2 月，科华斥资 10 亿元，兴建“中关村厂区”，专门生产高镍、耐热钢汽车涡轮增压器部件。中关村厂区全线采用国际高端铸造设备，辅以全自动智能控制系统，采用国内领先的工艺技术，开辟了壳型重力浇铸新模式，年产耐热钢增压器涡壳 200 万件。新产品技术含量高，产品附加值大，有效避免了同质低价竞争，为企业发展带来了新的动力，“耐

中关村厂区

热钢涡增器外壳”已经成为科华供应全球的主打产品。

跻身顶级竞技场

身为科华掌舵人，陈洪民在享受技术成果的同时，也清醒地看到国内铸造业与国际间存在的差距，而缩短差距、让科华跻身国际铸造业尖端行列的唯一途径只能是源源不断的技术创新。在他的力主下，科华一边持续加大产品研发力度，一边加快人才培养。除了每年引进200多名大学生，并将他们作为后备人才进行重点培养，从2017年起，科华与常州工学院开展“校企合作”，由科华出资，在“机械设计制造及自动化专业”开设30人的“科华班”。生源一部分面向全国招录，另一部分从科华优秀青年员工中选送。为提高职工整体专业技术素质，科华还开办了“科华创新管理学院”，作为非学历成人教育的辅助手段。“创新管理学院”按技术工种设置专业，根据生产需要定期开班，从外地聘请高校师资或业内专家定期授课。经过多年的积累，科华控股的技术研发团队已达300人，已获国家专利104项，其中发明专利32项、实用新型专利72项，其中“高端轻型卡车EGR阀结构件加工技术开发”项目成为2015年国家火炬计划产业化示范项目。

2020年，科华多项研发课题取得重大突破。子公司“联华机械”成功研发出“抗热疲劳高硅耐热蠕墨铸铁材料”，实现了高硅耐热蠕墨铸铁在CNG发动机领域的应用，解决了高硅耐热蠕墨铸铁的高抗热疲劳性能、高抗氧化性能及特种壳型工艺批量稳定生产高蠕化率等核心技术难题。装备部经理张同先主持研发的“薄壁复杂铸钢件自动化负压反重力铸造成套技术与装备开发”项目，顺利通过国家鉴定，并于2021年获得“中国机械工业科学技术奖”三等奖、“江苏省科学技术奖”三等奖。该项目开发的复杂薄壁耐热钢铸件负压反重力铸造成形技术，突破了砂型真空负压精准调控、超高温铸造环境密封以及液面精确伺服控制等关键难点，实现了汽车涡轮增压器壳体轻量化精密铸造。“负压反重力工艺”的浇注温度最高可达1600摄氏度。负压反重力铸造技术在黑色金属上的应用国内外尚属首例，该项目的成功研发，既填补了国内技术空白，也刷新了国际铸造水平，对提升国内汽车行业的整体竞争力也将起到重要的促进作用。

技术开路，品质托底，科华理直气壮地树立起“追求卓越，不断创新；琢玉成器，匠心铸梦”的企业精神。目前，公司已经形成中关村、余桥、南厂和联华子公司“四大厂区”的综合布局，年产各类高端精密铸件1200万件，关键客户大都为国内外知名企业，如盖瑞特、博格华纳、上海菱重、康明斯、石川岛播磨重工、卡特彼勒、长城、传祺、东风、北汽、长安、大众、江淮等，产品的60%以上出口到北美洲、南美洲、欧洲、日本、韩国等地区，已经成为汽车涡轮增压器零部件国际市场最具竞争力的供应商之一。

铸造车间

数智化转型一步到位

继2014年11月在新三板挂牌后，2018年1月，科华控股在上交所主板上市，企业发展进入新时代。成为上市企业以来，科华控股营收连续大幅增长，年复合增长率均在20%以上。截至目前，科华控股的产品已经覆盖全球70%～80%的汽车品牌，国内90%的车企也都是科华用户，且与其中大部分客户建立起长期战略合作伙伴关系，这意味着科华的订单已经排到了10年以后乃至更长远的未来。不愁订单自然是好事，但另一个问题摆到了陈洪民面前，一方面，企业的持续扩张，产能的强势增长，给科华的管理带来巨大压力；另一方面，每月100万件的任务，而且大部分属于“多品种、小批量”，产品更新迭代很快，每年至少更新两三百种设计，生产节奏很难把控。此外，生产线上专业操作人员严重缺乏，产品质量难以保证零差率，六大车间上千套设备无法实现产能协同，亟须建立阿米巴“单兵精英”体系。基于上述考量，陈洪民在董事会上拍板，携手用友，对企业实施全面数智化转型。

2014 年科华控股在新三板挂牌

用友 U9 cloud 的数智力量

用友 U9 cloud 是一款专门服务制造业的数智制造创新平台，它最大的优势是能够联通企业内部各个端点的数据，达成网络化一体协同，帮助企业实现真正意义上的个性化定制、智能化生产，完成由传统制造向智能工厂的转型。负责科华控股项目实施的用友常州分公司高度重视，总经理王永田亲自调度，组建了由谢月喜担任项目经理的实施团队，指定经验丰富的郭国胜出任项目总监，于 2021 年 1 月 19 日入驻企业，开展工作，销售经理张晓锐全程参与。用友 U9 cloud 团队首先要解决的是科华控股“多品种、小批量”与“规模化经营”之间的矛盾；其次要解决产能估算、质量追溯和交付时限的管控；最后才是精细化核算。针对科华“流程型 + 离散型混合制造模式”的特点和精铸行业共性，用友项目实施团队最后确定了“AIoT 物联 + U9 cloud + MES + 阿米巴”的一体化解决方案。

首先打破企业原有的部门门墙，进行组织变革，实行“虚拟法人制管理”，即将工厂虚拟成公司，拆分为3个虚拟法人，形成三层组织架构：一是通过大数据进行服务指导监督的“集团层”；二是制定标准化和精细化流程的“管理层”；三是落实平台机制经营的“运营层”。数智平台上U9 cloud、MES和AIoT三大系统既相互融合又各有所重。U9 cloud侧重订单执行、物料库存、计划排定、设备管理、人员组织以及财务核算、考核评估等程序。MES侧重现场作业、物料波动、计划执行、产品质监、产线进度、完工统计等程序。AIoT侧重智能监控、数据采集、OEE效率分析、车间看板、成品入库等实时物联程序。鉴于科华控股智能装备占比高达90%的现状，用友团队顺势而为将其打造成“柔性生产线”，可以实现多品种、小批量的柔性、快速切换，从原来一条生产线只能生产一款产品，提升为一条生产线可生产多款产品。

让阿米巴数字化落地

多品类、小批量、定制化、快迭代，一直是科华控股面临的产业难题，不是技术不够，而是很难掌握真实成本。在梳理76676个物料编码、优化109条业务流程后，用友团队通过U9 cloud为科华五大工厂建立了两万多个BOM，打好实施阿米巴的数据基础。按照企业内部结算方式，建立起科华控股、本部公司、全资子公司三级考核体系，再把各大体系层层细分成400个“巴”，比如“本部公司”细分为余桥厂区、中关村工厂、南工厂，南工厂再细分为铸造车间和机加工车间，机加工车间再细分为前道生产线和后道生产线，这样一直细分到每道岗位上的精英单兵，以产线责任制为核心的“阿米巴数字管理”便落到了实处。其实，将每一条生产环节上的单线贯穿打通，实现节点与节点之间的无缝衔接，正是 U9 cloud 的特色功能之一，在技术、营销、战略、后勤、财务等环节之间，构建一个“利益共同体”，按“工厂→事业体→产线→工段”的方式，实现产品工序间的价值流转。

同样的流程细化管理还体现在成本体系设计上。用友 U9 cloud 将科华庞杂的成本管理系统 CST 划分为两大序列：管理序和核算序。前者包括准确成本准确估算、成本精细核算、成本自动化生成、成本多层级分析；后者包括订单和产品两级。U9 cloud 实行多维成本 5 层 14 项自下而上卷积运算，优化了加工费、包装费、安全费、检测费、动力费等 31 项考核要素，甚至细分到车间熔炼钢水因延时浇铸产生的成本损耗，以及浇道、水口等回收料循环使用每次的降耗，对成本进行了根本性把控。对比企业之前的成本核算时限，用友 U9 cloud 的单体公司成本计算可在一小时左右完成，结账周期两天左右，全系合并报表不到半天，成本核算和财务报表综合效率提升了一倍。

MES 加持下的智能工厂

为从根本上解决车间自动化排程薄弱、生产进度不透明等痛点，科华在四个车间同时上线 MES 系统，实现了闭环式数据资产化。通过对每个生产环节的数据分析，推导出通往下一环节的概况。这种依据数据监测得出的洞见性生产指向，对制造业企业格外重要，它能帮助车间进行前瞻性流程规划，及时总结经验教训，而且在协助解决流程问题时，还能催生出新的操作方式。比如科华南厂区的浇铸车间，MES 全程管控生产执行、生产保障、生产资源和生产质量以及设备巡检、设备维护，而且主动启动 APS 形成自动排产，再与 TPM 和 TQM 融合，让车间实现精益化生产。用友常州分公司团队在 MES 架构上开发出 39 个基于 5G 网络的移动 App，机台派工、电炉工作台、称重工作台、光谱分析、产线报工、委外发料、成品入库，甚至定时巡检和退料接收等传统人工程序，都通过 PAD 上安装的 App 进行移动操作。这极大地减少了人工点收、拣货、录入的差错，差错率降低 95% 以上，降低了劳动强度，减少了查勘次数，还实现了产品的质量追溯。

用友 U9 cloud 上线后，科华在两大方面有了显著提高：一是企业生产效率显著提升：计划排产率提升了 60%，订单转换时间下降 50% 多。智能工厂的产品差错率减少了 90%，设备预警故障率下降约 50%，故障处理及时率提升 50% 以上。二是企业经营能力显著提升，通过数智化转型，企业完成了组织变革，以往的单组织架构进化为六大生产事业部，各部实行独立管理、独立经营、独立核算、独立分配，积极性和主动性得到充分发挥。在整个宏观层面上，用友 U9 cloud 帮助企业挖掘、整合资源，让科华控股实现了设计制造一体化、计划执行一体化、项目制造一体化、制造服务一体化、经营核算精细化的“五化融合”，企业数智化核心竞争力得到明显增强。正如陈洪民讲的：企业竞争的背后是资源配置效率的竞争，数智化转型的目的是重构企业价值链，提高数智战斗力。

专家点评

本案例中的科华控股，以“追求卓越，不断创新；琢玉成器，匠心铸梦”的企业精神，成功研发“抗热疲劳高硅耐热蠕墨铸铁材料”，主持完成“薄壁复杂铸钢件自动化负压反重力铸造成套技术与装备开发”项目，填补了国内技术空白，也刷新了国际铸造水平，对提升国内汽车行业的整体竞争力起到重要的促进作用。科华控股的技术研发团队已达 300 人，已获国家专利 104 项，其中发明专利 32 项、实用新型专利 72 项，其中“高端轻型卡车 EGR 阀结构件加工技术开发”项目成为2015年国家火炬计划产业化示范项目。目前，年产各类高端精密铸件1200万件，科华控股的产品已经覆盖全球70%～80%的汽车品牌，国内90%的车企也都是科华用户。不失为细分领域里的隐形冠军，是中国制造企业成长的一个典型样板。

目前，企业订单已经排到了十年以后乃至更长远的未来。对于科华来讲，不愁订单自然是好事，但问题是：一方面，每月100万件的任务，且是“多品种、小批量”，产品更新迭代很快，每年至少更新两三百种设计，生产节奏很难把控；另一方面，生产线上专业操作人员严重缺乏，产品质量难以保证零差率，六大车间上千套设备无法实现产能协同，亟须建立阿米巴“单兵精英”体系。所以科华唯有携手用友，对企业实施全面数智化转型。在梳理了76676个物料编码、优化109条业务流程后，用友团队通过U9 cloud为科华五大工厂建立了两万多个BOM，按照企业内部结算方式，建立起科华控股、本部公司、全资子公司三级考核体系。科华控股实现了设计制造一体化、计划执行一体化、项目制造一体化、制造服务一体化、经营核算精细化的“五化融合”，企业数智化核心竞争力得到明显增强。正所谓企业竞争的背后是资源配置效率的竞争，数智化转型让企业重构价值链，提高数字战斗力。

——崔晓阳 中国软件行业协会 数智化管理专家

采访手记

与采访其他企业不同，对科华控股的采访是从数智化智能工厂开始。

陪同我们参观工厂的是科华控股CIO胡建中，一位为人谦和又精通数智化建设的儒雅长者。南厂区有两个车间，我们从机加工车间开始，大门打开的刹那，我几乎被眼前景象惊呆，不是因为高大宽阔的厂房、纤尘不染的洁净环境，也不是因为一眼望不到边际的数控机床，而是在岗职工人数。在我的传统印象里，一个装备300多台机床、日产10万多个铸件的车间，至少需要500名工人在岗忙碌。但从头走到尾，偌大的车间只看到100多人在工作。“壳形车间”FCMX智能铸造流水线上五吨电炉，每班也只有一个人在炉顶值班。胡建中自豪地说：“节省人力，自动排程，这就是智能工厂的优势。”

采访陈洪民董事长时，话题自然从智能工厂谈起。陈董事长说他当初回乡办厂，目的是不再让乡亲们如他一样抛家舍业外出打工；现在将科华建设成智能工厂，则是想把更多的产业工人从体力劳动中解脱出来，“去做他们想做的事”。在陈董事长心中，制造业企业实现数字化转型，建设制造强国的同时，还担负着提升生产力的社会重任。他说的很对，数字化转型的过程，其实就是利用先进的数字技术和科学理念不断提升生产力的过程。

采访中，陈董事长多次提到自己是农民企业家，特别谈到他与工人一起过年、一起聊天儿的时候，那种纯朴自然的神态确实像一个地地道道的农民。但论及产业创新、企业管理以及科华未来，他又讲得博大精深、鞭辟入里，令人肃然起敬。

告别的时候，陈董事长送我们到门口。天色已晚，早已过了下班时间，大楼里空空荡荡。我们走到楼下，站在院子里仰望，他办公室的灯依然亮着。

迪威尔

数智化赋能的产业盛会

海洋覆盖了地球71%的表面，在全球油气资源探明储量中，海洋下面储藏着354.7亿吨石油和95万亿立方米天然气，占全球油气总储量的20.1%和57.2%。而目前已经探明开采的资源仅占海洋油气储量的23.7%和30.6%，从油气勘探开采的生产周期来看，受深海恶劣环境影响和技术条件所限，海洋油气项目的开发生产周期则更加漫长。所以，深海油气尚处于勘探早期阶段，开发潜力巨大。就目前深海油气勘探开采总体情况而言，除储量大、开发周期长之外，随着不断向深海区域的推进，开采环境越发恶劣，这对油气开采设备在抗高压、抗低温、抗腐蚀等方面的要求不断增高。特别是深海油气开采设备关键零部件，性能、质量、可靠性等方面的标准日益提升，不断突破材料韧性和锻造工艺的极限，对制造商的要求异常严苛。

左：南京迪威尔高端制造股份有限公司
营销部经理 张闻骋
右：南京迪威尔高端制造股份有限公司
总经理助理 信息化部经理 哈曜

正是由于来自技术和环境的特殊要求，筑高了行业准入门槛，致使从事深海油气勘探开采的国家和企业屈指可数，市场基本被全球四大油气装备公司瓜分。根据 Spears&Associates 的统计，全球深海油气装备龙头德希尼布福默诗（TechnipFMC）、挪威海工巨头阿克集团（Aker Solutions）、全球最大油服公司斯伦贝谢（Schlumberger）、贝克休斯（Baker 占据油气开采设备 80% 以上的市场份额，垄断着深海油气开采装备市场。多年来，高筑的行业壁垒、特殊的产品要求、垄断的核心技术，让想进入深海油气开采设备领域的全球制造企业包括众多的欧美制造大厂，都铩羽而归。但是有一家中国民营制造业企业，一直专注于深海油气开采设备关键零部件的研发与生产，脚踏实地勤奋耕耘，不仅逐步占领国内油气压裂设备专用件市场，还打破西方技术和市场的双重垄断，成为上述全球四大油气装备公司亚太区域最重要的关键零部件供应商，并通过了英国石油公司、雪佛龙、道达尔、埃克森美孚、墨西哥国家石油公司、巴西石油公司、挪威国家能源公司等国际用户的产品审核。

这家中国企业便是位于南京江北新区的南京迪威尔高端制造股份有限公司（以下简称“南京迪威尔”或“迪威尔”）。它从一家小型锻造厂起步，20 年来秉持民族制造业的初心，目前已经形成以深海油气水下开采设备、页岩气压裂设备、陆地油气开采设备等专用承压件为主的系列产品，广泛应用于全球深海钻采、页岩气压裂、陆地井口、高压流体输送等油气设备领域，为中国高端制造走向世界树立了典范。作为中国高端锻造行业的翘楚，南京迪威尔获颁国家高新技术企业和国家级专精特新“小巨人”企业，还是江苏省博士后创新实践基地，并建有 CNAS 国家实验室。2020 年 7 月，迪威尔在上交所科创板上市，企业的核心竞争力得到进一步增强，行业地位得到进一步提升。

迪威尔的前世今生

20 年前的 4 月，南京市大厂区正式退出行政建制，被新兴的六合区取代，曾经的“中国现代化工摇篮”只剩下一个遥远的传说。大厂的区名其来有自，1949 年 4 月 23 日南京解放即有此区，它源于 1934 年，中国第一座化肥厂“永利铔厂”在此诞生，永利铔厂的创始人为“中国化工之父”范旭东，首任厂长为著名化学家侯德榜。因为永利铔厂是当年亚洲最大的化工厂，生产出了中国第一袋化肥，有“远东第一大厂”之称，此地遂以大厂为名。大厂区存在了 53 年后撤销区建，2002 年 4 月，与相邻的六合县合并为六合区。六合便是中国历史上最早的城邑之一“棠邑”所在地，中国著名民歌《茉莉花》的发源地，因境内有六合山，隋文帝杨坚改棠邑为六合。在 2002 年前后大厂撤销、六合兴起的历史转接期，也正是南京迪威尔落地生根的关键期。

2020 年 7 月 8 日成功登陆上交所科创板

迪威尔的前身

1978—1986 年是张利从军的从无到有的年代，从青涩少年到沉稳成长的年代，从默默无闻的小兵到赫赫有名的军队干部的年代，1987 年 1 月，从军八年的张利以正连级转业到中石化旗下的“南京化工集团”劳资处任人事干事。随着改革开放的第二波大潮滚滚袭来，下海创业成为那个时期社会的主旋律。1992 年 9 月，有着军人热血的张利停薪留职下海经商，那是一个万众下海、群雄并起的年代，是既拼胆量、更拼智慧的年代，张利很快凭借军人的果敢和出众的信用赚到第一桶金。但是有钱之后，他却时常对未来感到迷茫，对当过八年兵的张利而言，他一直思考一个问题：当兵为了报国，经商何尝不能报国？但是经商存在太多变数，很容易“掉进钱眼里”不能自拔，而商业和实业虽然一字之差，性质却大相径庭，商业是繁华盛景，实业则是国之根本。

思来想去，张利认为投身实业才是报国捷径，于是他停掉其他产业，于1998年8月到六合县租赁了一家锻造厂。这家工厂的前身是一家小型乡镇锻造企业，以小型锻锤产品为主，因经营不善行将倒闭。当时正值亚洲金融危机的高峰，各行各业一片萧条，张利为什么在这个节点转行进入锻造业？这是由他从军多年形成的敏锐政策嗅觉做出的预判，他得知，为了化解金融危机，国家增发特别国债用来加强基建，还提出要大力推进长三角和珠三角的一体化进程，张利特别注意到国家第一次提到“产业集中率”，表明长三角区域将很快出现巨大的产业群。

无为者顺流而下，有为者逆势而上。在家人朋友一片反对声中，张利不仅租下锻造厂而且大胆投资进行升级改造，当他把小小锻造厂改造完毕，1999年2月正式开工时，轰轰烈烈的全国大基建潮如期而至，长三角更是成为蓬勃向上的工业增长中心，汽车底盘、齿轮轴圈、承压容器、套筒油缸、弯头法兰等各种锻件以及自由锻件的订单让张利的锻造厂应接不暇。说来很巧，就在张利决定扩大企业规模、着手另选厂址的时候，2002年4月，六合撤县建区，为谋求更大发展，张利在六合区葛塘“中山科技园”买下40亩工业用地，兴建厂房，将锻造厂东迁至此。设备和员工可以随企业迁来，租赁的厂房和厂名却要留在原地，在给企业拟定新的厂名时，张利力排众议，选定“发展”一词的英文Develop的音译“迪威尔”。2002年9月10日，迪威尔的前身“南京迪威尔重型锻造法兰厂”在葛塘“中山科技园”诞生。

技术是企业发展的动力之源

厂名虽然冠以“法兰”二字，那只是表明锻造厂的主要产品，并不表示工厂仅以锻造各种法兰为业。实际上，根据几年的实业经验，张利已经决定向多品种多行业进军。为了摆脱品类单一的法兰锻件，迪威尔成立后添置的第一批设备，包括一台5吨电液锤、一台3吨电液锤和2台750kg空气锤，用来加工两吨半以下的工程机械锻件，这在当时六合乃至南京地区的锻造行业，都算得上重量级设备。渐渐地，迪威尔能够加工、生产大型锻件的名号不胫而走，先是在周边地区集聚了良好客户群，然后慢慢扩展到江苏、制造业最为活跃的长三角，很多企业因其他普通锻压厂无法加工大型阀体、异形件都慕名而来。2006年，迪威尔又购置了两台5吨电液锤，并打出“锻造定制化”的口号，生意更加红火。大约在那年的5月份，迪威尔接到了一单石油机械大型阀体锻件的定制订单——加工五套阀体、阀座，那是迪威尔第一次接触石油开采设备关键锻压件，迪威尔从此进入油气开采设备锻压领域，心无旁骛地一干就是近20年。

几个月后，同一客户又来下单，这次是防喷器壳体承压件。防喷器属于石油开采的井口带压作业装置，对材料参数、技术参数的要求都很高，由于要与井液硫化氢接触，需符合GB/T20174—2006、API Spec16A标准的防腐蚀要求；同时还需具有高强的承压和密封性能，工作温度范围在－18℃～＋121℃之间，必须使用特殊合金锻造。对迪威尔来说，这无疑是一次严峻的挑战，成功锻造出产品，意味着迪威尔鱼跃龙门，日后在整个锻造行业将会占有一席之地；如果因为技术能力不足，无法跨过这道坎儿，那么之前在业内积累的口碑和名气将一落千丈，往轻里说，迪威尔做大做强的进程受阻，往重里说，迪威尔很有可能止步不前。

习惯冲锋陷阵的张利决定接单攻关。按照“定制化订单”的加工程序，首先要解决材料性能问题，2006年的迪威尔尚处于起步阶段，企业体量很小，还没有成立应用材料实验室，甚至连最基础的技术研发团队都没有组建完整，又是刚接触石油开采设备零部件锻造，如何攻克合金钢材料配比难题，成为迪威尔难以逾越的一座大山。一连几天，大家聚在一起商量对策，不知是谁说了一句“实在不行，去请一位金属材料学科的教授吧”，一语惊醒梦中人，对呀，南京这么多理工科大学，为何不去登门请教？张利带着迪威尔的工程师，先后拜访了南京本地多所高校，把企业遇到的困难和诉求一一讲述，相关领域的专家如约而至，对症下药，学以致用，很快解决了材料难题。这件事让张利明白，技术是企业的生命线，一个企业纵使从事最简单的捶打弯折，也必须靠技术当家；没有过硬的技术能力，企业很难在激烈的竞争对抗中获胜。

从那时起，迪威尔脚踏实地地走上技术研发的道路，从组建研发团队入手，成立技术中心和技术委员会，在技术中心下面设立各专业工艺技术室。还邀请行业顶尖专家组成“专家委员会”，为企业技术创新掌舵把关，2017 年迪威尔科研平台获得“江苏省绿色高端精密锻造工程技术研究中心”称号。企业未上市之前，迪威尔已将每年营收的 4.5% ~5.1% 用于研发，2019 年，迪威尔建成 CNAS 国家级实验室，标志着其制造技术能力不仅领先全国，而且达到国际先进水平。所以说，2006 年这次去高校取经，既开启了校企合作的先河，也打开了迪威尔“产学研”相结合的大门。从那以后，迪威尔不断扩大与高校和科研机构的合作范围，除继续保持与南京本地多所高校的技术交流，还与位于河北省的燕山大学、北京科技大学、上海交通大学、上海电机学院、安徽工业大学、马钢技术中心等教研机构展开深度合作，已经成为省级“博士后创新实践基地”。

南京迪威尔主厂区

专注深海油气开采设备细分领域

2006年前后是迪威尔企业发展史上一道重要的分水岭，这一年发生了几件事关企业后续发展的大事。一是把生产重心从法兰锻造转向油气设备专用件，实现了第一次产业转型；在此后的几年间，虽然还在继续从事法兰锻造及与之相关的工艺技术研究、改进，但基本上以大型定制法兰件为主，很少承接普通法兰，将生产重心和研发重点逐步转移到油气设备上来。二是招兵买马，建立自己的技术研发部门，购置了先进的碳硫元素分析仪、气体分析仪、光谱仪、金相分析仪和三坐标检验台等高端检测设备，从源头开始对整个锻造流程进行严格质量把控。刚刚筹建起来的技术部虽然只有十几个人，但在张利的亲自指挥下，负责对全厂进行技术升级和关键改造。三是年度营收首次突破亿元大关，成功跨入“江苏民营企业亿元俱乐部”。这一点对企业实施产业转型至关重要，多年从事以法兰为主的普通锻压件，迪威尔的产值未能实现重大突破，虽然呈逐年上涨趋势，但涨幅较慢；而锻造生产油气设备零部件，则让迪威尔营收破亿，说明作为锻压细分行业的油气开采设备，其回报率要大于其他品类，这促使张利下定决心将迪威尔的生产重心转向油气开采设备零部件。

2008 年，迪威尔又采购了装有美国 OILGEAR TOWLER 公司液压电控系统的 3500 吨自由锻液压机，并配套德国 DDS 公司的 45 吨有轨操作机，可以生产大型锻压零部件。压机给企业带来了进入油气行业大型专业零部件制造的机遇，尤其是为制造井口大型组合阀以及深海关键承压零部件的生产打下坚实基础。到 2009 年，迪威尔已经转型为一家“准专业”的油气设备零部件生产商，专注于油气设备关键零部件管头、套管头、四通本体、压裂泵缸体、防喷器本体及各类管线阀门等产品。种类看似较多，但主要集中在陆上井口及采油树专用件，深海油气开采设备虽有涉及，但尚未成为主攻方向。2009 年 8 月 19 日，公司注册资本由最初的 700 万元增资到 4600 万元，企业更名为“南京迪威尔重型锻造股份有限公司”，逐步完成产业转型升级。2012 年 5 月 9 日，注册资本增加到 8400 万元，企业最终更名为“南京迪威尔高端制造股份有限公司”。

中国制造纵横全球

油气开采设备关键零部件，属于锻造行业的细分领域。迪威尔从1998年创立之初的普通锻压件，到主营法兰锻造，再到专注油气开采设备关键零部件，经历了整整20年，也就是说，一家企业用20年时光才找准了发展方向和擅长领域！对此，有人认为迪威尔走了20年弯路，也有人认为迪威尔缺乏盈利能力。张利则有自己的见解，他认为实业特别是制造业的盈利需要一个周期，它不像金融业，也不像房地产业可以在短时期内积累巨大财富，制造业要脚踏实地地一天、一月、一年走出一条康庄大道。任何一家制造业企业都要经历相当长的筑基过程，时间短了基础不稳，盲目扩展资金链就会断裂，片面追求利润必将导致企业大厦倾覆。所以，经营制造业在战略上需要恒心，在策略上需要耐心，不要幻想一夜暴富，如果一家制造业企业，特别是“多品种、小批量、定制化”的离散型制造业企业，创立不久骤然暴富，这个企业不是传说，就是具有其他背景。

折服国际石油巨头“挑刺王”

一如张利所言，以全新姿态启航的迪威尔并没有盲目扩大产能，也没有扩充厂区，而是俯下身子规规矩矩从技术研发做起，打好技术底蕴。2009 年技术部升格为技术中心，放眼全球聘请业界高级人才和富有锻造经验的工程师充实到研发队伍中来。2011 年获得三项国家级专利，其中“实用新型专利”两项：大型杯形件的反挤压成型装置、省力的杯形件热反挤压成型装置；大型环筒类锻件热冲挤成型工艺则获批“发明专利”。2012 年，迪威尔在专利技术方面突飞猛进，一年内成功申请 14 项专利，如自由锻中台阶轴的锻造方法、圆截面多级台阶轴自由锻造毛坯辅料料重方法、确定轴类零件淬火保温时间的方法、小型自由锻锻件的方钢锭的分下下料法，等等，大部分属于发明专利。

其中两项发明专利深海采油树设备连接器用钢锻件制造工艺、深海采油设备液压缸用钢锻件锻坯制造工艺，是迪威尔承接第一份深海采油设备专用件合同时做出的技术探索。谈到迪威尔的第一张海外订单，营销部经理张闻骋接受采访时给我们讲了这样一件趣事：2012 年 8 月，欧洲一家国际石油巨头派人来华采购深海采油树主阀、连接器、翼阀、截止阀等关键零部件。由于当时迪威尔公司第一次进入深海开采领域，所以项目初始阶段该石油公司安排了一次对迪威尔公司的现场审核。在这家国际石油巨头眼里，中国企业根本没有掌握高端锻造技术和工艺，更不可能生产出深海开采平台需要的关键零部件。商务洽谈第一步在迪威尔会议室举行，当向客人介绍迪威尔公司的成长历程和企业背景时，对方审核负责人满脸的傲慢与不屑，对迪威尔公司介绍不置可否。第二步参观车间，进入锻造车间，见到迪威尔 3500 吨锻压机、45 吨有轨操作机以及先进的锻造、热处理设备控制系统；在精加工车间，看到成排的大型数控加工中心、严谨的探伤设备和检测操作方法，完备的性能测试装备和操作记录后眼神中充满惊讶。

再次坐到会议室进行技术交流的双方，对方审核人员的态度出现 180 度反转，洽谈气氛也变得其乐融融，对迪威尔给出高度评价，直言

“中国迪威尔”不仅有能力制造出具有国际一流水平的深海开采设备零部件，而且在工艺上要领先欧洲同类水平。事后才知晓，原来该石油公司对中国的生产能力并不信任，更倾向于欧美的锻造厂，审核人员万般无奈来到南京，唯一目的是第一时间把中国企业毙掉。令他没想到的是，今天中国的制造业早已脱胎换骨，在技术、装备、工艺等各方面都能与国际先进铸造企业相媲美，而且某些技术已经走到了国际前沿。审核人员以“眼见为实”开头，起草了一份赞美迪威尔技术研发和制造能力的报告，为双方合作打下基础。自此，其他石油公司如英国石油、埃克森美孚、雪佛龙接二连三来到迪威尔验厂，并先后通过油服公司签下多单合同。巴西石油公司、澳大利亚海滩能源公司、奥地利石油天然气集团等也步其后尘，成为迪威尔的国际客户。

张闻骋在车间

在国际市场高歌猛进

打开全球深海油采设备市场后，迪威尔前期积累的技术优势逐渐发挥出来，产品以可信赖的品质、自主的核心技术、定制化的设计，以及超过石油行业最严格的 API6A《井口和采油树设备》和 API17D《水下生产系统的设计和操作》标准，获得越来越多的国际高端客户，直至成为全国乃至亚洲唯一一家拿到“全球四大油服巨头”批量交付许可的制造商。深海产品原本是企业的边缘产品，2012 年前只占营收的 3% ~7%，随着产品影响力的持续扩大，定制化订单逐年增多，高附加值的深海产品产值占比稳步提升，2020 年占到营收的 25.46%。

当之无愧的全球领航企业

目前，迪威尔的深海产品已经广泛应用于巴西东部沿海、墨西哥湾、欧洲北海、波罗的海、澳大利亚周边海域以及中国南海等数十个深海油气开采项目，仅与全球知名深海油气设备商“一深海”（OneSubsea）一家的合作就多达 75 项，作业范围覆盖全球，如阿塞拜疆阿伯斯伦气田一期项目、埃及地中海金牛天秤气田项目、西澳大利亚大恩菲尔德一期项目、英国北海舍得兰群岛西部 Quad 项目、墨西哥卢卡奇深水天然气项目、印度信诚印度东部海上油气田项目、塞内加尔海域深水油田项目、塞内加尔深水油田项目、土耳其萨卡里亚的天然气田项目、西班牙比利牛斯山麓天然气项目等。其中墨西哥湾“多巴哥（Tobago）油田”的深水立式单通道采油树，装备迪威尔锻造的四大关键承压零部件，设备作业水深达到 3000 米，作业温度范围 −46℃ ~180℃，额定压力高达 103.5Mpa，三项数据均创世界纪录，而且至今未被打破。

在国内市场，迪威尔主打压裂和深海两类产品，较之压裂产品，深海产品的技术和应用显然更广，也更先进，但最早起步的则是压裂设备专用件如压裂泵阀箱、压裂管汇、压裂头等。我国的页岩油气开采始自 2010 年，早在勘探期，迪威尔的零部件就参与了鄂尔多斯、准噶尔、渤海湾、松辽三塘湖“四大盆地”的页岩油开发先导试验，成果颇丰，堪称国内最早试水压裂设备零部件的民营锻造企业。压裂泵是页岩气压裂的核心设备，也是压裂作业中的损耗件，迪威尔的压裂泵锻造技术已经完全拥有自主知识产权，彻底实现了国产替代。迪威尔的国内深海产品也屡屡取得重大技术突破，深水采油树关键承压部件树本体、环空翼阀、防喷器、油管柱、液控闸阀阀体等先后被国内外多家客户采用，成为国内首屈一指的深海油气设备关键零部件制造商。我国首个自营超深水“深海一号”项目全套深海水下零部件全部采自迪威尔，水深 1500 米的番禺 35 -2 气田，关键零部件全部为迪威尔提供。中国南海陵水 17 -2 项目、南海陆丰项目、渤海油气田水下生产系统国产化示范运用项目、南海东方 1 -1 气田“水下油气生产系统工程化示范应用创新专项”项目等油气田的深海设备主要零部件，绝大部分来自迪威尔的量身定制。

精加工车间

数字化转型

实际上，迪威尔在2009年进军高端锻造业后不久，就启动了信息化建设工程。最初的目的是改进成形工艺、提升技术水平，联合南京当地高校进行了针对性的应用软件开发，到2011年，共开发出6款操作软件：锻件自由锻CAPP系统、锻件热处理CAPP系统、锻件坯料库自动管理系统、法兰自由锻工艺及胎模自动设计系统、法兰胎模库自动化管理系统，还在上述处理系统的基础上，延伸开发出“计算机辅助工艺设计图形支撑系统”。这些应用型软件有的已经被淘汰，有的还在小范围、单环节使用，这些软件撑起了2009—2014年迪威尔蓬勃发展的五年黄金期，如果没有这些操作系统，迪威尔很难从一家“锻造作坊”精进成现代化锻造企业，甚至很难通过全球“四大油气公司”的验厂。

从用友U8升级到U9 cloud

2017年，迪威尔营收达到3.4亿元，年度复合增速27.7%，其中对公司前五大客户（德希尼布福默诗、阿克集团、斯伦贝谢、贝克休斯和威尔集团）的销售额占营收比重的73.89%，创下历史新高。为了让企业尽快适应现代化工业节奏，迪威尔公司在提升装备水平的同时，决定全面推进数字化平台建设，2017 年 3 月 31 日，携手用友，上线 U8 ERP。迪威尔出席项目启动会的主要领导有董事长张利，副总经理丁玉根、李跃玲，部门经理张闻骋、胡娟、韩芳，信息化部经理哈曜。用友方出席领导主要有南京道庄网络科技有限公司（以下简称“道庄网络”）董事长徐春青、总经理刘坤、技术总监顾海浔等。会后，道庄网络组成了以刘坤为项目总监、顾海浔为项目经理的“用友 U8 ERP 实施团队”，为迪威尔打造了以“供应链 + 报价系统”为主的智能财务云平台，帮助企业实现了“进销存、业财税”一体化管理。有了用友 U8 ERP的强大赋能，迪威尔的业绩蒸蒸日上，2018 年、2019 年营收分别为 5. 03 亿元、6. 94 亿元，营收增长率分别为 47. 75% 、38. 08%；净利润增幅分别为 1145. 37% 、82. 77%，归母净利润复合增速两年平均达到 171% 。

作为总经理助理和信息化部经理，哈曜更愿意就事论事。她认为用友 U8 ERP 最大的功用是处理业务的同时，自动生成会计核算信息，保证了资金流与物料流的同步记录和数据一致。这样一来，公司根据财务现状追溯资金的来龙去脉，并能在追溯过程中了解相关业务活动，从而改变资金信息滞后于物料信息的状况，便于实时控制资金流和业务流，方便领导层及时做出决策。2020 年 1 月，基于搭建“产品多样化、工厂多地化、公司集团化、企业国际化”的全融合平台，通过数智化流程提高企业核心竞争力的迫切需求，迪威尔再次与道庄网络合作，上线用友 U9 cloud，覆盖原有的用友 U8 系统，实现多组织管控，统一管理南京、盐城以及正在筹建的“精工科技”厂区的跨地域业务。

不断实现技术突破

打造高速数字列车

按照迪威尔“小批量、多品种、个性化、非标定制 + 单件物流”的高度高端定制化生产特点，用友 U9 cloud 项目团队首先对企业进行组织变革，将异地厂区虚拟为法人进行管理：将南京迪威尔、迪威尔建湖虚拟为 2 家业务法人单位；将南京迪威尔、迪威尔建湖和在建的“精工科技”厂区虚拟为 3 家财务法人单位。经过这样的虚拟拆分，在用友 U9 cloud 平台上，“业务法人”和“财务法人”并驾齐驱成为迪威尔的两列高铁，一列以“生产 + 报价”为主导，下挂工程数据、销售管理、委外管理、生产管理、采购管理、成本核算等多节“车厢”；另一列以“U9 财务 + 供应链”为主，下挂总账、应收管理、应付管理、固定资产、库存管理、物料管理等“车厢”。说是两列高铁，它们又常常合二为一，组合在一起，共同牵引迪威尔这个巨无霸风驰电掣高速行驶。

道庄网络的用友 U9 cloud 团队为南京迪威尔带来的最大改变有两点，一是建立了“套娃式”智能报价体系，二是实施生产工作令号制。“套娃式”智能报价体系是指多部门可按照各自所在生产程序的顺序，在用友 U9 cloud 平台上参与同一产品的报价，这样一层一层报下去，像俄罗斯套娃一样，露出最终的精准价格。比如迪威尔接单后，将订单详细内容发布到平台上，然后由技术部开始，按照设计流程报出自己部门完成本单设计、排产需要的成本价格；接下来是物料采购，根据实时获得的材料采购价格报出基本成本；再下来是生产车间、热锻、粗加工、精加工、质检等等，直到最后一道物流，然后累计得出最终报价。报价成功，参数驱动料品编码规则，动态生成“存货档案”。

生产工作令号制，即从签下合同进行详细分解评审开始，所涉及的每一件物料都会生成一个“生产工作令号”，而且实施一号跟踪到底。无论从订单到交付的环节如何复杂，工作令号始终与产能负载紧紧捆绑在一起，贯穿销售报价、工艺设计、生产计划、材料出库、生产转序（跨厂转序）、外协加工、完工包装、成本核算的全过程。特别是在生产数量、开工数量、完工数量、入库数量整个生产流程，工作令号会与领料单、生产单、出货单、应收单如影相随。

数字化新航程

2021 年 1 月，在用友 U9 cloud 的基础上，迪威尔又上线用友 PLM 和 MES，打造智能工厂的同时，实现多系统间的智能互联互通。至此，迪威尔企业全系统已经悉数打通，生产车间存在的最后一块信息孤岛也被双向打通。当精加工 MES、产品创新 PLM、工艺软件全部融入用友 U9 cloud，贯穿迪威尔产业全程的项目流、工作流、工艺流、组件流、文档流、生产流、资源流等，原来在各自闭环里运行的“小流”，交汇在一起，成为充盈到企业各条动脉里的“洪流”，让生产流程真正实现任务可控、产能可视、进度透明。项目上线一年来，迪威尔业务也在不断扩展，增加了堆焊、组装两项新业务，开拓了自研产品，新增了外部工厂，重新规划了各部门的生产重点。为了让用友 U9 cloud 在日益扩大的业务体系中发挥更好、更强的赋能作用，道庄网络迪威尔用友团队项目经理顾海浔编写了 30 多份实施方案及操作要领，根据企业各部门的不同特点，从具体操作到岗责落实，不断进行针对性培训，让企业的数字化转型落实到人、落实到岗。

通过多方面的综合努力，迪威尔公司基本实现了基础数据统一化、生产管理系统可视化、财务业务一体智能化、成本核算精细个性化的数字化转型“四化”目标。U9 cloud/PLM/MES“三位一体”集成运行的 2021 年，迪威尔生产流程各项数据大幅提高，车间数据采集效率提升 80%，成本核算效率提升 500%；库存周转率明显提高约 25%，订单交付及时率提升 35%。“套娃式”智能报价实现了多部门联动精准报价，致使报价效率提升了 200%；工艺逻辑分层排产，生产计划效率提升了 300%。

在用友 U9 cloud 的护航下，截至 2022 年初，迪威尔已经成长为一家实力强劲、设备齐全、技术领先的全球油气开采设备关键零部件锻造商和产品供应商。经过多轮更新迭代，目前拥有锻造、机加工、热处理、精加工、堆焊、组装六大生产车间，装备了采用美国 Oilgear 技术的 7000 吨自由锻液压机和德国 DDS45 吨有轨操作机联动机组；拥有各类锻锤 7 台；各式立车、卧车、深孔钻床等加工设备 60 多台；CNC 加工中心、进口高精度镗铣设备等专用精密加工成形设备 30 余台；PLC70 余台；CARL ZEISS AxioImager. A 2m 金相显微镜、Thermo fisher ARL 4460 光电光谱仪、CS－3000 高频红外碳硫分析仪、VMS250 3D 影像投影仪、USN 60 超声波探伤仪等先进的检测和实验设备。

度过疫情黯淡期的迪威尔，2022 年已经做好驶向新航程的准备。

专家点评

有一家中国民营制造业企业，成立12年来专注深海油气开采设备关键零部件的研发与生产，脚踏实地地勤奋耕耘，不仅逐步占领国内油气压裂设备市场，还打破西方技术和市场的双重垄断，成为全球四大油气公司亚太区域最重要的关键零部件供应商，并通过了英国石油公司、雪佛龙、道达尔、埃克森美孚、墨西哥国家石油公司、巴西石油公司、挪威国家能源公司等国际用户的产品审核，同时是国内第一家获得世界最大油气公司沙特阿美品质许可的产品供应商。这家中国企业便是位于南京江北新区的“南京迪威尔高端制造股份有限公司”，其产品处于全球行业市场领先地位，为中国民族制造业走向世界树立了典范。

迪威尔在2009年进军高级高端锻造业的时候，就启动了数智化建设系统工程。分别开发出6款应用系统：锻件自由锻CAPP系统、锻件热处理CAPP系统、锻件坯料库自动管理系统、法兰自由锻工艺及胎模自动设计系统、法兰胎模库自动化管理系统，并延伸开发出“计算机辅助工艺设计图形支撑系统”。如果没有这些应用系统，迪威尔很难从一家“锻造作坊”精进成现代化锻造企业，甚至很难通过全球“四大油气公司”的验厂。如今，全面推进了数智化平台的建设，在用友U9 cloud平台上整合了所有的应用，建成了独具特色的“套娃式”智能报价体系和生产工作令号制，顺畅了生产与核算的管理，更进一步融入MES和PLM消除了所有环节的信息孤岛。数字的力量使得迪威尔成长为一家实力强劲、设备齐全、技术领先的全球油气开采设备关键零部件锻造商和产品供应商。

——崔晓阳 中国软件行业协会 数智化管理专家

精工电子

新能源产业的突围与新生

从学术角度讲，锂电池分“锂金属电池”和“锂离子电池”两大类。锂金属电池的概念出现得很早，美国化学家 Gilbert N. Lewis 教授 1912 年提出并进行了研究。锂离子电池出现较晚，1980 年美国科学家 John Goodenough 发明了钴酸锂作为锂离子电池正极材料。但两类锂电池的产品都未由发明人完成，而是由美国埃克森石油公司和日本索尼公司于 1970 年、1992 年分别制造了第一块商业化的锂金属电池和锂离子电池。

自 1997 年中科院陈立泉院士建造了第一条锂离子电池中试生产线以来，因锂离子电池具有电压高、能量密度大、循环寿命长、绿色无污染等优点，锂电行业迅速在我国崛起，最多时全国有 2000 多家锂电工厂。经过蜂拥而上、遍地开花、产业整合、优胜劣汰几个阶段，目前剩 1000 家左右，其中头部企业有数十家。这些锂电企业大都聚集在东部沿海地区，并渐渐形成了中国三大“锂电基地”——南深圳、北天津、中枣庄。位于山东省枣庄市高新区的山东精工电子科技有限公司（以下简称“精工电子”），就是大浪淘沙生存下来的锂电企业之一。

山东精工电子科技有限公司

总裁 柯西文

时代里的幸与不幸

按照约定时间，采访团队来到位于枣庄市高新区的精工电子产业园。刚进入厂区，就被崭新的办公大楼和一排排整齐的生产车间所吸引，给人的第一感觉就是设计时尚、布局合理。CIO 张文娟告诉我们，精工电子深耕锂离子电池十余载，公司专注锂离子电池高端定制化应用领域，在锂离子电池正极材料、锂离子电芯、PACK 智能制造等上下游关键环节拥有众多自有知识产权，目前已授权专利 630 项，其中发明专利 119 项。公司为国家级“专精特新”小巨人企业、国家知识产权示范企业、山东省瞪羚示范企业、山东省技术创新示范企业、山东省博士后创新实践基地，建有山东省储能电池技术创新中心等多个省级研发平台。

不同于传统的新能源企业，精工电子所有的产品终端应用领域不是大众化的乘用车、两轮、三轮及四轮低速产品，更不是 3C 数码类产品，而是专注于锂离子电池高端定制化应用领域，如特种球包车、特种房车、医疗器械、智能家储、智能制造等国外特殊应用终端，95% 的产品出口海外市场。精工电子始终以终端客户关切为基点，结合逆向研发与自主创新，立志成为锂离子电池高端定制化领域的领航者！

精工电子的锂电技术一骑绝尘，企业的管理架构也与众不同。它实

精工电子展厅

行“董事会领导下的总经理办公会负责制”，而不是常见的“董事长领导下的总经理负责制”；也就是说，精工电子的历任董事长只是投资方，并不参与日常管理，企业的正常经营由总经理执行，这在目前国内民企管理中比较少见。从管理实践来看，两种管理方式各有利弊，在实行中既因人而异也因企业而异。“董事长领导下的总经理负责制”，由于“双层决策”时常出现不一致的情况，高度弥合后才能向下落实，阻碍了企业的正常发展，所以很多企业实行“董事长总经理一人兼”。而“董事会领导下的总经理办公会负责制”，让总经理担当战略监督者、制定者和执行者的角色，其最大优势就是将企业所有权与经营权分离，科学决策与管理效率大幅提高，企业得以迅速发展。

从海特集团到精工电子

精工电子的历史最早可以追溯到2003年，这个年份要比“企业发展史”上载录的2008年早上五年。它创始于滕州，2005年迁入枣庄薛城区神工路“神工工业园”，更名为“山东神工海特电子科技有限公司”（以下简称“海特电子”），2008 年年初转入高新区复元五路“泰国工业园”。“泰国工业园”是泰国资本在中国大陆投资较大的产业园项目，占地6 平方公里，以电子、生物、机械、新材料等产业为主要导入目标，对小微企业实施技术孵化。海特电子厂区占地28251 平方米，是园区内的“小锂电”企业，产品结构也比较单一，当年只生产“锂—二氧化锰”一次性电池等几种产品，在产业园内众多的电子厂家中效益平平。2008 年 6 月 4 日注册成立的“山东精工电子科技有限公司”，开始为枣庄高新区指定国有企业参股支持的国有参股企业，研发、生产超级电容器。2011 年年初国资全部退出，成为海特集团旗下控股子公司，舍弃了海特原来主打的二氧化锰电池，转而生产圆柱锂离子电池、风光互补用圆柱锂电池。2014 年精工电子收购了海特集团及其子公司的磷酸铁锂正极材料、圆柱电芯、PACK 电池组等所有锂电业务，在产品研发、生产、经营管理上具有完全的自主权，并进行了一轮股权激励，准备在创业板上市。

精工电子依靠产品的推陈出新，迅速获得市场的广泛关注。2012—2014 年，新推出的两款锂电池成为内外销市场的热门产品：一是针对国外日益庞大的高端电动自行车市场开发的锂电池，根据不同车型，研发了适用于电动自行车的“圆柱锂电池”和适用于电动摩托车的“磷酸铁锂电池组”两款产品。二是针对国际高端市场研发的高尔夫车用锂电池，也分两款：高尔夫球包车锂电池和高尔夫手推车锂电池。尤其是高尔夫球包车专用锂电池，通过不断迭代升级，容量由最初的 11Ah 到 15. 4Ah、16Ah、17. 5Ah、20Ah、30Ah 节节增大，适用电压也从 12V 扩展到 24V。今天，高尔夫球包车专用锂电池仍是精工电子销往国际市场的主要产品，在欧洲、澳洲、北美洲市场具有绝对影响力，而且主持制定了该类产品的行业标准。

精工电子的另一个主要产品“锂电池正极材料”的研发、生产，也从那一阶段起步，2011—2015 年五年间，共有五类正极材料在精工电子研发成功并获得发明专利：掺杂稀土元素的镍钴锰酸锂正极材料、复合改性镍锰酸锂正极材料、高电压锂电池正极材料、包覆型球状富锂正极材料和高容量锂离子电池正极材料。

高速发展之际控股股东股权被司法拍卖

2014 年前后，适逢中国锂电行业狂飙突进的大好时代，精工电子及时推出新产品，很快在市场站稳了脚跟，并成为枣庄、中国北方乃至整个行业响当当的精英企业。2014 年，企业产销两旺，效益节节攀升，为凝聚企业向心力，激发管理层的责任心和创造热情，精工电子对中层以上管理干部进行了一次股权激励，约有 20 名管理者通过现金入股的方式获得股权。2015 年，企业的经营、销售、技术研发等各方面均呈现欣欣向荣的局面，经过四五年的摸索实践和市场反馈，精工电子渐渐形成了以磷酸铁锂正极材料、锂电池电芯、PACK 电池组以及超级电容器为核心的“四大当家产品”。这四大门类产品因其品质高、技术新以及健全的销售网络，不仅国内市场的销量逐年上升，还深受海外客户的青睐，有 70% 以上的产品销往国外市场，源源不断地为企业赚回利润。2016 年，公司办公区由高新区复元五路迁到复元三路，企业面貌焕然一新。2017 年，精工电子的营收大幅增长。

就在企业上下紧锣密鼓筹备上市之际，控股股东却因个人问题引发了债务纠纷。城门失火，殃及池鱼，无辜的精工电子受控股股东个人债务牵连，股权出现重大变化。原控股股东持有的精工电子股份遭到两轮司法拍卖，第一轮被司法拍卖 39. 93% 的份额，第二轮又有 10. 142% 的股权份额被拍卖，企业瞬间笼罩在一片阴云之中。

现任总裁柯西文，2015 年 12 月加入精工电子，发生股权变化的时候担任企业副总经理。事情发生后，柯西文立即召开总经理办公会商量对策，由于正值公司筹备上市的前夕，股权变更对企业影响巨大。首先，事关精工电子生死存亡，企业未来朝哪个方向发展、怎么运营，新的控股股东产生时间不确定，新的控股股东对企业的态度也不确定；其次，按照《首次公开发行股票并在创业板上市管理办法》规定，实际控制人或控股股东发生变更的企业，两年内不能申报 IPO。柯西文在与财务总监周忠华反复商量之后，两人做出一个重大决定，与其坐等企业易主，把命运交给别人掌握，不如立即行动开展自救，说干就干，周忠华随即当起了“排头兵”。

采访中，关于如何自救、找了多少部门、跑了多少单位，柯西文没有透露，总之他和周忠华的努力很快有了结果——由枣庄市政府“政府投资基金”牵头，联合高新区管委会国有平台和当地另外一家公司，成立了枣庄新源新业股权投资基金合作企业（有限合伙），通过两轮司法拍卖受让精工电子 50.072% 的股权，成为新的控股股东，保证了精工电子的企业主体完整，枣庄新源新业股权投资基金合作企业（有限合伙）的管理人李建坤先生成为企业的实控人。此时，李建坤和柯西文都明白，“政府投资基金”纾困入主只是权宜之计，是政府对中小企业的帮扶之举，对企业经营和产业后续发展，起不到绝对的支撑作用；精工电子若想在锂电行业继续发展壮大，必须找到能在产业发展方面与公司有直接协同的实体企业。

精工电子虽然暂时上岸，但不确定性远远没有结束。

精工电子装配车间

控股股东频繁易主，命运多舛上市之路

精工电子在寻找合适的投资方，投资方也在寻找适合的投资标的，多家与锂电相关的大型企业纷纷表现出对精工电子优质资产的兴趣。在众多抛出橄榄枝的企业和机构中，李建坤先生选择了高科技央企的下属企业——航天科工投资基金管理（北京）有限公司。2018 年 10 月，双方经过协商，由其通过受让老股东部分股权和现金增资两种方式，获得了精工电子 50.27% 的股权，成为新的企业实控人。同时精工电子拟进行第二次股权激励，起初起草的方案是只面向五位高管，时任董事长也完全认可，可是柯西文和周忠华一致认为高管确实对企业的发展起到举足轻重的作用，但是中层管理干部也担负着直接管理车间和基层的重任，虽然没有决策权，实际上他们肩上的责任一点儿不比高管轻松，承担着企业决策落实和生产指标的双重责任，他们也有资格成为企业的利益共同体。在柯西文不懈的坚持和努力下，经过长期的沟通，时任实控

人终于同意第二次股权激励范围由高管扩大到中层干部，而且进一步覆盖了技术研发、产品品控、后勤等核心部门的骨干，共有73人得到了股权。

进入2019年，由于国家政策发生变化，航天系基金受国家政策要求“回归主业”的影响，无法继续履行对精工电子增资的义务。让李建坤和柯西文焦虑的不仅仅是航天系基金增资资金无法到位，还有面临控股股东的又一次变更。无奈之下，新源新业基金最终与航天系基金达成一致，受让航天系基金的部分股权，并直接向精工电子缴纳未缴增资款，与山东省新旧动能转换跨境创投母基金合伙企业（有限合伙）成为一致行动人，共同持有精工电子51.87%的股权，再次成为精工电子控股股东，李建坤先生出任精工电子新任董事长、法定代表人。2020年12月24日，持续四年的精工电子“控股股东变更风波”终于尘埃落定，柯西文终于可以心无旁骛地谋划企业未来了。

让企业在资本市场上市，是以柯西文为核心的精工电子管理层多年愿望。为了实现这一目标，精工人付出了比其他锂电企业多得多的辛苦。实际上，精工电子早在2015年就已具备上市条件，却因为实控人的频频变更，多次被拦在IPO的门外，可谓命运多舛。也许是经历了太多，柯西文把精工电子上市遇到的挫折看得云淡风轻，接受采访时，他充满乐观地说：“距下次申报IPO还有整一年，弹指一挥间，2023年第一季度我们就可以完成创业板的上市申报工作了，让我们静待花开！”

在探索中扩张

我们采访的时候，正值精工电子的搬迁期。

2018年以来，企业进入爆发式增长阶段，以总裁柯西文为核心的高管团队制定并奉行“小批量、定制化”的经营理念，坚持锂电“非标自动化”生产模式，带领企业取得了显著成就——彻底打通销路，订单纷至沓来，新品不断问世，交付日益加快。随着产品周期的提速，市场需求的持续扩大，一个非常现实的问题日渐凸显——产能严重滞后，完全无法跟上日益扩大的产量需求。在这种背景下，2019年，精工电子投资建设新厂区，当时航天系基金是精工电子的大股东，新园区故而定名为“中国航天新能源产业园”。

新园区位于高新区光明大道×6699号，占地285亩，总投资额56亿元，2019年6月开工建设，2020年7月园区主体建成。“中国航天新能源产业园”是枣庄市锂电产业的龙头标杆项目，也是近年来高新区锂电行业投资最大的园区。最初设计为建设两条磷酸铁锂电池正极材料生产线、四条圆柱电芯生产线、18条PACK生产线和一所锂离子电池研发中心，实现年产5GWh锂电池的产能目标。按照精工电子的要求，新园区均采用目前世界最先进、最高效的锂电全自动智能生产车间；全自动生产线堪称目前国内数字化和智能化水平最高的智能制造设备线，生产效率是传统设备的 4 倍，主打 18650 和 26650 型号圆柱锂离子电池。

在各方大力支持下，产业园实现了当年设计、当年开工、当年投产的预期。新产线全线实现自动化、智能化、数字化，引入了 ERP、BPM、MES、PLM 等数字化软件系统，让锂电产业真正进入数字智造时代，目前企业生产规模为年产能 1GWh，年产值 10 亿元。自 2021 年 5 月开始，生产车间陆续搬到产业园，目前位于“锂电产业园”复元三路的老厂区只剩办公机构。

精工电子大门

“中美贸易战”倒逼企业加速实现国产替代

项目开建当年，美国突然挑起对华贸易战。美国第一批加征报复性关税的“中国进口商品名单”中，就有包括碳酸锂、氧化锂和氢氧化锂、锂原电池及原电池组在内的众多锂电池产品。不久，美国又对锂电池基础矿石原料锂、钴、镍、锰等实施所谓“限制向中国出口”。在锂电核心技术领域，更是加大对中国的技术封锁，如 NMC 材料技术、层状富锂材料技术等，联合日、韩锂电企业一起对中国施压。不过，在柯西文眼里，美国这些所谓的“贸易制裁”反倒帮了中国一个大忙，“美国发起的贸易战，实际上是倒逼我们在核心技术领域加大研发投资力度，促使我们加快技术攻关速度”，精工电子的很多关键性技术突破都在那个时期完成。比如在钴源缺乏的情况下，通过技术攻关实现了三元电池由中低镍向高镍的技术迭代，研制出压实密度更高、安全性能更好的磷酸铁锂正极材料 LiFePO4。目前的主要定制产品 18650 - 2000mAh - 3.2v 高能量密度铁锂圆柱电池、18650 - 1100mAh - 3.2v（10c）高倍率铁锂圆柱电池，也都是那一时期获得的发明专利。

2019 年 6 月，精工电子决定将技术部扩大为“技术研发中心”，研发人员由之前的 50 多人扩编了整整一倍，达到 120 人，资金投入占到营收的 5% 以上。研发资金占比 3% 是国家对高新技术企业上市的基本要求，精工电子不是上市公司，也按照这一标准实施。5% 是个什么概念？以 2020 年为例，精工电子的年营收额 4 亿元，净利润 8400 万元，研发资金达到 2100 万元，为营收额的 5.1%。如果与净利润做比较，恰好占到利润额的 25%，对精工电子这样的成长型企业来说，这个比例要算大手笔，也证明总裁柯西文的确具有过人的魄力。

高投入带来高产出。经过长期不懈的努力，精工电子成功入选山东省瞪羚示范企业和智能制造示范企业，同时还是国家知识产权示范企业；2020 年又被评为山东省技术创新示范企业，2021 年入选全国专精特新“小巨人”企业名录并获批山东省储能电池技术创新中心。目前企业拥有 387 项有效专利，其中实用新型专利 267 项、发明专利 119 项、外观设计专利 1 项，国际 PCT 专利 1 项，还主持、参与制定了国际、国内以及地方行业标准 16 项。

研发大楼

科研独立与产线细分

“留不住人才”，是枣庄“四线城市”身份带来的尴尬，总裁柯西文和副总裁周忠华对此感慨颇深。有些高精尖人才来到枣庄不到半年就离职走人，两位总裁以为他们嫌工资少、待遇低，了解后才知道，离职人员极少考虑薪资待遇，他们需要的是一座充盈着信息和科技氛围的城市，而枣庄显然满足不了。为了吸引并留住高端专业人才，精工电子的高管做出两个重大决策并很快付诸实施。一是在深圳成立分公司，虽然也开展正常的营销，但更侧重技术开发。二是将研发中心再次扩展，于 2021 年 6 月升级为独立法人企业“慧云（山东）科学技术研究院有限公司”（以下简称“慧云科技”），进行与产业相关的独立知识产权开发。慧云科技虽然是精工电子全资子公司，但拥有自己的科研自主权和财务独立性，如果技术成果被精工电子转化为产品，则“按项作价”收取技术转让费。当然，如果技术成果过多而精工电子又不可能将每项都转化成产品，慧云科技可以向其他锂电企业实施技术输出，并获得相应的技术转让费用。

锂电行业不同于其他制造业稳步增长的传统路子，“爆发式”的市场增量需求决定了该行业的“跳跃式”发展模式。周忠华副总裁给我们打了一个比方：一家优秀的锂电企业今年产值10亿元，明年就应该30亿元，后年要达到100亿元，这才符合目前锂电产业几何裂变的增量市场。相比之下，尽管精工电子在实控人屡屡变更的情况下成就斐然，2020年营收4亿元，2021年预估7亿余元，但体量仍然不大，换句话说，企业还处在起跑阶段，距离进入“跳跃式增长通道”还有很长的距离。认清了这一点，一切相关问题也就迎刃而解。为了让企业焕发出奔跑的活力，精工电子在“分”和“上”两方面采取了措施。“分”是将企业的核心业务分而治之，消除之前混合管理的弊端。2019年7月注册成立了“山东精工电源科技有限公司”（以下简称“精工电源”），2021年4月注册成立了“山东精工能源科技有限公司”（以下简称“精工能源”），电源和能源两大主体业务单独核算；2021年5月，又在精工电源下面注册成立了“慧云电子科技（惠州）有限公司”（以下简称“慧云惠州”），布局锂电池保护板和锂电池管理系统的研发、生产，将锂电产业的门类细分到行业末端。

“上”是抓住机会扩充产能。从产业结构来看，2022年全球锂电行业的需求量约为908.4GWh，比2021年大增52%；其中动力电池全球装机量将达到450GWh。而目前全球锂电产业依然由中、日、韩三国把持，摆在中国锂电企业面前的机会很多，但前提是企业要主动把握机会，也就是说，要具备赚到“锂电红利”的生产能力。“想吃下这顿大餐，首先要有好胃口”，周忠华对精工电子的产能有生动论述。他说，精工电子不是不想进入新能源汽车的电池供应领域，有很多制约因素，产能是最重要的一个——2021年全年的产能只能装2000辆汽车，所以，精工电子亟须解决的不是朝哪个方向转型，而是必须提高产能。

占领国际市场

2020年3月，精工电子“5GWh锂电子电池PACK项目”在“中国航天新能源产业园”破土动工。项目投资约3亿元，占地面积19亩，建设PACK车间57612.02平方米，PACK生产线18条，一期建设2GWh储能锂离子电池组PACK智能化生产线，及配套所需的原材料仓库和测试中心，目前已经建成投产，预计年产值可达24亿元，上缴利税6亿元。全线建成后，可实现年产能5GWh。

PACK生产线

经过十多年的探索与创新，精工电子目前已经形成了锂电池正极材料、锂离子电池及电池组、电池管理系统、超级电容器四大类近百款产品，其中的绝大部分销往国际市场，自报关出口产品72%以上，加上ODM部分，外销占比95%以上。产品覆盖了离网储能、户式储能、电动叉车、高尔夫球包车、高低温应急灯、SOS救援系统等多个应用领域。这些外销产品每种每批的订单量和发货量虽然不是很大，但是回报率很高、账期短，能为企业带来源源不断的现金流。为了占领更多的国际市场份额，精工电子主动出击，其众多自主研发产品先后在韩国、加拿大、英国、美国等锂电大国获得客户认可，打破了核心技术壁垒，赢得并巩固了国际市场。

数智化转型造就锂电行业“小巨人”

锂电产业的特点以及精工电子的产业结构现状，决定了企业在未来一个相对稳定的时期内，都将继续采取“小批量、定制化”的生产模式。而随着“5GWh储能锂离子电池组PACK智能化生产线”在2021年年底的落成，18条PACK生产线将相继投产，从2022年开始，精工电子将至少有18条PACK智能生产线同时运行，这给企业的生产管理带来前所未有的压力，比如计划排单、PACK设计、产线分配、班次安排、原料采购、出入库管理、质量监管、物流发货等多环节的并行操作。而且这还只是PACK一个产业，除此之外精工电子还有正极材料、超级电容器和绿色能源等其他产线在运营，集团内还有分公司和子公司需要实行一体化管理。

基于扩大产能、精细化管理和集团管控三方面一体化的考量，精工电子决定全面升级原有的管理平台，把2014年上线的用友U8⁺系统升级到用友U9 cloud数智制造创新平台，实现企业的组织变革与管理升级。

用友 U9 cloud 多组织平台

精工电子的数智化升级转型始于 2019 年 6 月。实际上早在 2014 年 8 月，企业就已经使用用友 U8⁺系统，应用之初主要出于财务管理的需要，后期逐渐延伸到生产制造和供应链环节，如销售管理、采购管理、生产制造、物料清单管理、人事 HR 等。2019 年 6 月，精工电子与用友正式签约，用友实施团队在企业基层多方征集意见和建议，确定了“规范企业运营，构建管控平台”的总体思路，制订出一套符合精工电子实际需求和数字化转型战略的实施方案。

实施团队先对 U9 cloud 进行多组织调整，将精工电子拆分成精工电源、精工能源、惠云科技、深圳分公司、慧云惠州、精工芬兰六个组织，以便分别进行体系管控。然后在 U9 cloud 架构上建立 BPM，对业务流程进行重组，通过组织变革和业务模式变革，促使精工电子体系内所有单元组织主动适应新的数字化战略，从而达成重大的管理变革。针对精工电子“多品种、小批量、定制化”的生产特点，双方项目组对 48 个作业标准、120 个业务流程进行梳理再造，用友 U9 cloud 平台与 BPM、西门子 MES、西门子 PLM 等多系统无缝集成，构建 BI 分析模型，为企业高层做出运营决策提供指导意见。在项目实施过程中，由于定制化产品的核心零部件锂电芯、电池保护板、电池连接片等参数不同，即使规格相同也有不同的组合方式，会生成多个不同结构的 BOM 。为解决这一问题，实施工程师在用友 U9 cloud 上开发了“BOM 管理平台”，将分散在 PDM、CAPP、PLM 上面的 BOM 信息予以自动整合，并将其嵌入配置表，使之成为 PLM 体系的重要支撑模块，实现了 BOM 数据漫游，跨系统 BOM 在平台上可以联合解算，实现设计制造一体化。

精工电子 U9ERP 项目启动会

实现产业链的闭环管理

精工电子原有信息系统的最大问题是无法满足公司朝集团化方向发展的需求，之前使用的是 U8$^+$系统，属于单组织管理模式，已经无法满足集团化发展的需求。同时，单系统的操作应用型软件各自为政，缺乏管控型、决策型的宏观平台。经过双方项目组 5 个多月的努力，2020 年元旦，用友 U9 cloud 正式上线，对企业各组织实施全覆盖，打通了端到端的数据通道，“集团管控→业务运营→生产执行→现场管理”四层操作面得以实现数据共享，BPM 系统与用友 U9 cloud 无缝衔接，从而实现了企业期盼已久的“多系统集成管理”。

用友 U9 cloud 的一个最大赋能是为精工电子搭建了一条闭环产业链。精工电子的生产模式是“多品种、小批量、定制化”，几乎没有常规订单，尤其 PACK 产线，客户定制的组装产品规格、容量、电能可谓五花八门。针对这一情况，项目团队为生产的各个环节开发了诸多模块，从建立物料 BOM 向下游梳理，沿途连续整理接单排单、产品设计、电子图纸、物料清单、原料采购、材料使用、产线运行、产品下线、质检品控、入库出库、仓储物流等一长串生产环节，建立数据模块，实现数据驱动。产业链的闭环管理，不仅为企业控制了物料成本和劳动力成本，还提高了企业生产效率，产品生命周期更新更加快捷，资金周转率大幅加快，特别适合精工电子这样处于上升通道中的成长型制造业企业。

用友 U9 cloud 上线两年来，给精工电子的生产带来巨大变化，营业额增长了 1 倍多，生产组织一变四；原来每年都要在计财部门增加编制，自平台运行后，采购、计划、财务三大部门 2020 年、2021 年连续两年均未增加人员。库存积压降低了 30%，采购、接单和生产效率提升 3 倍以上，准时交货率达到 100%。

数智化转型是促使企业快速发展的手段，企业做大做强的根本还在于人的力量，柯西文不止一次强调，精工电子“企业精神”的精髓是让员工劳有所获、劳有所尊，让每名员工哪怕在门岗工作都受到尊重和理解，这样的企业才会让大家有归属感，心甘情愿为企业奉献自己的一份力量，唯有这样，才能实现“精工用芯，点亮全球”的企业愿景。

专家点评

精工电子深耕锂离子电池十余载，公司专注锂离子电池高端定制化应用领域，在锂离子电池正极材料、锂离子电芯、PACK 智能制造等上下游关键环节拥有众多自有知识产权，目前已授权专利 630 项，其中发明专利 119 项。不同于传统的新能源企业，精工电子所有的产品终端应用领域不是大众化的乘用车、两轮、三轮及四轮低速产品，更不是3C数码类产品，而是专注于锂离子电池高端定制化应用领域，如特种球包车、特种房车、医疗器械、智能家储、智能制造等国外特殊应用终端，95%的产品出口海外市场。精工电子始终以终端客户关切为基点，结合逆向研发与自主创新，立志成为锂离子电池高端定制化领域的领航者！

精工电子的数智化得益于用友U9 cloud，它为精工电子搭建了一条闭环产业链。精工电子的生产模式是“多品种、小批量、定制化”，几乎没有常规订单，尤其PACK产线，客户定制的组装产品规格、容量、电能可谓五花八门。项目团队为生产的各个环节开发了诸多模块，从建立物料BOM向下游梳理，沿途连续整理接单排单、产品设计、电子图纸、物料清单、原料采购、材料使用、产线运行、产品下线、质检品控、入库出库、仓储物流等一长串生产环节，建立数据模块，实现数据驱动。产业链的闭环管理，不仅仅为企业控制了物料成本和劳动力成本，还提高了企业生产效率，产品生命周期更新更加快捷，资金周转率大幅加快。该闭环系统提供的数字力量，助推精工电子在锂离子电池高端定制化领域高歌猛进。

——崔晓阳 中国软件行业协会 数智化管理专家

开沃集团

开启数字化智造模式

开沃新能源汽车集团（以下简称“开沃集团”）总部位于南京市溧水空港经济开发区新能源大道，距离禄口机场只有几公里。我们过来采访的时候，禄口机场“疫情事件”刚过去不久，整片区域防控极严，在门口防控站查验了许久，另加信息部来人接引，才被放行。进入这座83万平方米的浩大园区才知道，新能源大道369号既是开沃集团总部，也是核心子公司南京金龙客车制造有限公司（以下简称“南京金龙”）的所在地。

南京金龙的前身是2000年8月成立的南京东宇汽车有限公司，2005年12月与厦门金龙合并，组建南京金龙客车制造有限公司，产品定位为6～8米的中型客车，作为厦门金龙在长江三角洲地区的代加工企业。2010年12月，创维集团创始人黄宏生向南京金龙注资5亿元，对其并购重组。2011年，转型后的南京金龙停掉了传统燃油车业务，专注于新能源汽车的研发和生产。2012年，开沃集团获得新能源汽车生产资质，第二年开始量产并成功出口到东南亚。

开沃新能源汽车集团
信息部经理 徐军

新能源汽车行业的闯入者

天美回归创维

新能源汽车不是单纯的资本游戏，它就像深不见底的蓝海让无数资本大鳄折戟沉沙，乐视贾跃亭、恒大许家印、宝能姚振华都栽在里面。事实上，新能源汽车向来是中国家电大佬的滑铁卢，从1997年第一个进入该行业的春兰算起，新飞、奥克斯、美的、格林柯尔，以及格力和海信，都在烧完百亿元之后黯然离场。黄宏生与他们不同，首先，他是有备而来，收购南京金龙之前，悄悄购买了重庆一家两轮电动车厂“练兵”，进行实战演练。其次，充分运用创维集团在IT行业与电子信息领域的多年技术积累，直接抓住新能源汽车的核心“电池、电控、电机”。最后，与密歇根大学合作，在美国建立“新能源实验室”，为开沃集团输送高级人才的同时，解决技术研发过程中出现的各类难题。

投入十几亿资金后，南京金龙终于在2014年开始盈利，纯电客车售出1890辆，销量仅次于比亚迪，位居全国第二，盈利1.5亿元。企业趁热打铁，先后推出18座旅游小客NJL6600系列和NJL6601系列、35座旅游团客NJL6820系列、50座旅游客车NJL6118系列等二十多款车型，全面进军纯电旅游客车市场。2015 年以 8796 辆的销售成绩，蝉联全国销售亚军。2018 年开沃集团启动乘用车项目的研发，一年后第一款纯电 SUV 研发成功，定名天美 ET5。随着新车的推出，开沃集团多方布局，斥资 100 亿元，先后在武汉、深圳、呼和浩特、徐州、渭南、溧水、高淳等地建设新能源汽车基地，架构起生产商用车和乘用车的 BE、CE 两大纯电商平台。同时持续打造智能出行生态，开沃集团实现“车家一体”。为了提高开沃集团的品牌影响力，2021 年 4 月，开沃集团与创维集团签署商标转让协议，获得创维集团在 12 大类上的商标所有权，开沃集团后续乘用车车型将使用创维品牌。

2015 年，成立了南京创源天地动力科技有限公司（Skysource），专注可充电动力电池包和电池管理系统、汽车线束、高压配电箱、电机控制器、BMS 等汽车核心零部件和系统的设计、研发和生产。致力于通过先进的电池技术，生产安全、优质、高效、环保的锂离子电池包及电池管理系统，与新能源汽车、新能源汽车充电站以及电网储能系统等形成完美配套，为客户提供优质的新能源电池系统方案。

开沃集团的全球化战略

开沃集团的第一个目标是 2025 年销售 25 万辆纯电汽车，2030 年销售 50 万辆，位列世界新能源汽车前十名。为此，研发团队加紧开发 Skypilot 智驾、Skylink 智联、Skydrive 智驱、Skypower 智电以及Skysafety 智安这“五大智慧系统”。开沃集团的终极目标是“让世界领略中国制造业的魅力”。在技术研发上，开沃集团拥有一支以专家、博士、硕士为技术领头人的近 800 人的技术团队，集中了国内优秀的研究、试验队伍和先进的技术成果。通过自主创新和对外合作，开沃已累计申请专利 1290 项，其中发明专利 477 项；获得专利授权 804 项，其中发明专利

36 项。

开沃集团对布局新能源汽车充满自信和激情。公司认为，中国的电动汽车已具备完成全部供应链的能力，再加上国家十年前就已经进行战略部署，把“汽车制造大国”升级为“汽车制造强国”。在这个宏伟目标的升级过程中，中国的汽车产业具有得天独厚的优势，成本可以做到全球的二分之一，性能却可以跟全球顶级品牌特斯拉匹敌，“这是中国新能源汽车未来能做到世界第一的基石”。基于这样的战略考量，开沃集团底气十足地推进“2 + 4 + N”产品战略并且取得了举世瞩目的成就。2019 年销售纯电汽车 9542 辆，2020 年在受疫情影响的情况下，纯电动客车销量依然达到 6232 辆，位居全国第三。2021 年仍为全国前三名。开沃集团在新能源重卡领域表现抢眼，其中氢燃料重卡交付 352 辆，市场占有率高达 57%，排名全国第一。开沃电动大客 2021 年全年销量为 1432 辆，市场占有率为 3.19%，全国排名第九。同时，开沃集团为氢燃料电池重卡研发建设的加氢站在南京和天津陆续投入使用，旗下氢燃料公交、矿卡、重卡等前沿产品在攀枝花、深圳、乌鲁木齐、鄂尔多斯、唐山、格尔木、石嘴山等多个城市批量运营。不止国内市场销售火爆，开沃集团还成功走出国门，奔赴海外。2020 年 11 月，开沃生产的中国纯电客车首次行驶在东南亚的公路上，2021 年 6 月 30 日，开沃集团获得欧盟整车认证，9 月 23 日，30 辆创维汽车打进汽车强国德国，为中国智造赢得国际赞赏，这标志着创维汽车品牌全球化战略进入新阶段。迄今为止，开沃集团已累计销往德国、以色列、奥地利、乌拉圭、罗马尼亚、瑞典、波兰、沙特、韩国、俄罗斯、约旦等全球 42 个国家。

成为中国制造品质的代表走出国门，一直是黄宏生造车的目标之一，开沃集团做到了。

乘用车生产车间

给开沃插上数智化翅膀

开沃用友激情相拥

2016年年初，武汉和深圳两个新能源汽车基地同时开建，就在集团上下一片振奋之际，开沃集团领导层却在思考更加宏观的层面——中国制造业正处在由自动化的工业3.0向智能化的工业4.0升级的关键期，融入数字化浪潮已经不可避免，对开沃集团而言，是主动拥抱时代大潮还是被动卷入时代旋涡？同样入水湿身，性质却截然相反。在新能源汽车领域苦苦探索了六年的黄宏生心里非常清楚，无论新能源车还是燃油车，整个汽车行业正在被重新定义，从硬件定义转向软件定义，车企原来的IT架构也在从分布式ECU架构向域级式AGF架构甚至是中央计算的SOC架构大举转型。虽然新的造车基地陆续投产，但开沃集团必须先解决一个战略问题——如何将自身的业务通过数字化的方式沉淀下来，从根本上实现科技与业务的双轮驱动，让数字化转型落到实处，如果这个问题不解决，基地建得越多、企业扩得越大，背的包袱就越重。

数字化转型的决定做出了，接下来是选用哪一款专注制造业的数字管理系统。当时，中国新能源汽车领域的信息化系统基本被国际 ERP 如 SAP、Oracle 等垄断，对开沃集团来说，最简单的选择就是在其他新能源车企后面亦步亦趋。但是，黄宏生认为，开沃集团作为民族工业之重器、高新技术独角兽企业，核心数据必须留存在中国自己的数字平台内。开沃集团信息部对 ERP 采购提出了三点具体要求：①服务商要和开沃集团共进退、共发展，以民族工业和民族软件融合发展为使命；②所提供的数字化平台支持开沃集团多组织协同业务的同时，还要引领企业升级为数智化工厂，帮助开沃集团成长为制造业小巨人；③服务商要成立专业、稳定的项目实施团队，与开沃集团信息化团队融为一体，共同完成数字化转型项目的规划、实施和运维。

开沃集团在筛选民族制造业 ERP 供应商的同时，中国“民族管理软件一杆旗帜”的用友也在寻找成长型制造业企业。在南京道庄永续信息技术有限公司董事长徐春青的努力下，开沃集团与用友深情相拥，签署了战略合作协议。事实上，开沃集团的数字化转型并不是单纯运行一套 ERP 系统那么简单。由于汽车行业产业链复杂，数字化转型涉及物联网、大数据、云计算、人工智能等多种数字技术的集群式突破及其深度融合，还要对整车生产流程进行全链条、全要素的改造，发挥数据要素的创造价值，为开沃集团构建生产过程实时可视化（MES）、生产设备预测式维护（TPM）、全面质量管理（TQM）、产品全生命周期管理（PLM）等子生态系列，助力开沃重塑汽车生产新过程，向数字工厂过渡。基于上述考量，双方决定构建用友一体化数智制造创新平台 U9 cloud,这是一款专门面向成长型企业的一套管理系统，可以帮助企业有效降低成本，提质增效，提升产业链的运营效率。

开沃集团创源车间

来自 U9 cloud 的强大赋能

2016 年 5 月 17 日，开沃集团正式启动用友 U9 cloud 项目。U9 cloud作为国内一流水平的云 ERP，其多组织管理、项目制造、阿米巴精细核算三大特色独树一帜，在打通开沃集团这样的复杂型制造业各端之间的链接、缩短产品下线周期、实现网络化协同等方面，具有无可替代的实用性。U9 cloud 上线运行半年，开沃集团的工作模式已经有了质的改变，工作效率也显著提升。开沃集团是整车制造，一辆车需要 1000 多个供应商配套供货。传统的采购中心从制订采购计划开始，接着核单、订货、跟催、收货、验收、入库、开票、付款、对账等，整天忙得不可开交，还经常出现误单、漏单现象；上线 SRM 平台后，各环节在线协同，采购中心在云端发布采购计划，供货方完成计划确认，报价后开沃集团确认，然后产品贴码、发货、开票、请款、对账这一系列流程，全部简化为扫码入库，极大地节约了人力、物力。

开沃集团的数字化转型分两期进行，第一期实施时间为2016年5月至2017年4月，项目涵盖两个法人：南京金龙客车制造有限公司、南京创源天地动力科技有限公司；四个事业部：大客事业部、轻客事业部、电池事业部和线束事业部。第二期实施时间为2017年10月至2018年10月，涵盖六大法人：武汉开沃、渭南开沃、呼和浩特开沃、徐州分公司工厂、深圳开沃和高淳重工；三个事业部：专用车事业部、充电桩事业部、自制中心。两期项目上线后，用友共为企业架设38个法人组织和供应链组织。2019—2020年，又持续为企业数字平台进行耦合优化，上线了U9 cloud HR（人事）项目，推行了成本优化方案，实施采购条码一码通，同时完成了“合一出行”和“酷沃智行”的上线。U9 cloud前后两期，用友网络共为企业设置了五大系统34个模块，分别是“研发与生产管理系统”的工程数据、工程变更、物料需求、生产管理、车间管理、委外管理；“供应链管理系统”的供应商管理、单据抛转、请购与采购、收货入库、客户管理、销售预测、销售订单、出货计划、销售出货和库存管理；“财务管理系统”的总账、应收应付、固定资产、费用报销、合并报表、利润中心、成本管控；“资金管理系统”的现金管理、银行管理、票据管理、资金账户、网银；“其他应用系统”的报表平台、移动应用、条码平台、OFFICE应用集成、多组织融合、UAP平台。

实际应用中，用友U9 cloud的一个最大亮点是“多组织协同”下的单据抛转功能。之前，企业内部销售业务的每一个环节都需要人工手动下单：接到订单后手动录入数据形成销售订单，再细分到原料部门，仍然人工输入产生采购订单，汽车成品完工后由生产线出货，库房收货进入发货状态。层层手工录入，既造成人力资源的层层浪费，也给环节间的对账带来诸多不便。U9 cloud设置单据抛转之后，订单进入系统后，各个端口同时见到订单内容，不用再等前端传给后端。比如，轻客事业部的一张采购订单，会同时在线束厂形成销售订单，又在生产线形成生产订单。车间根据生产订单完成产品交给线束厂，线束厂根据销售订单出货给轻客事业部，轻客自动生成收货单，这个功能在各个事业部进行了推广，效果非常显著。

动态运营智慧平台

开沃集团的内部生产流程非常复杂，涉及多个部门、多家分厂，时常出现厂厂衔接不畅、门门不给力的现象。U9 cloud 的上线彻底解决了这一问题，它消除了平台内所有的信息孤岛，哪怕企业与生产制造最边缘的机构都流畅打通，企业内部 9 大生产基地、上百个部门全部实现无缝集成，从接到订单开始，到设计、计划、生产、采购、质量、库存、财务等各部门协同一致，没有丝毫滞涩。举例说明：创源动力是开沃集团的零部件厂，南京金龙接到采购订单后，创源动力马上形成生产订单和物料订单，物料订单虽然基于生产订单，但因为有完善的供应链做保障，采购收货环节会先于生产订单的设计环节，几乎是同时，设计完成，领料生产，完工入库，出库发货。

当然，开沃集团上线 U9 cloud 的目的不仅仅是为了节省造车成本，事实上，企业数字化转型不能单纯地通过降低各环节成本的方式降低整车成本，来迎合市场的降价期待。关键环节不仅不能降低，还要持续增加，比如研发和售后。长期以来，开沃集团的售后跟进一直制约着品牌度的扩大，这是金龙传统客车销售时期遗留下来的老大难问题。金龙时期的售后跟进通常靠电话为客户提供被动式服务。基于 U9 cloud，开沃集团搭建了“车辆动态运营智慧平台”，自动采集质保期内已售车辆的数据信息，对车辆状态实时监控。汽车一旦发生故障，各种参数信息第一时间反映到营销中心大屏幕上，便于售后人员及时跟进，变被动服务为主动服务，拉近了与用户的关系。

用友集团与南京道庄团队为开沃集团开启服务以来，从 4 个开沃组织服务到今天的 48 个组织（组织包括集团、法人和事业部），整合了 U9 cloud、MES、RFID、PLM、OA、SRM、DMS、BI 等多个系统平台，在搭建管理组织模型、重构产业链结构、强健企业内核、标准化功能交付、个性化定制开发、销售模式创新等领域，都彰显了用友赋能民族制造业企业的强大实力，以及用友技术工程师的专业技能与职业素养。用友 U9 cloud 打通了开沃多个业务部门之间的联系，从采购后端到制造中端，再到销售前端，真正实现了多部门的业务协作。在用友 U9 cloud 的多维度加持下，开沃集团展开了数字化腾飞的翅膀。纯电汽车产品迭代推出，从渣土车、牵引车到宽体矿卡，从环卫车、城市客车到市政工程车，从物流车、公交车到无人驾驶旅游观光车，每一款车型都令人惊艳；其中开沃 NJL6106EV 纯电动城市客车获得“2020 年度第一节能新能源客车”大奖。能源开发也从纯电动发展到氢燃料，从充电升级为换电，形成了丰富的产品链。

用友 U9 cloud 项目启动会

双剑合璧的威力

开沃集团是一个快速扩张的整车企业，不断发生的组织变革让制造流程更加随机和动态。针对这一特点，U9 cloud 在组织分拆与聚合的管控上，通过组织属性对法人和非法人进行切换，在成本中心、利润中心、经营中心三个层面上自主调换，并通过业务关系对不同组织间的流程集成协同，共同完成接单与计划、计划与研发、研发与采购、采购与生产、生产与产出、产出与销售等跨单元任务，实现汽车制造全过程闭环管理。这一优势在计划模式上展现得尤为突出，打破了开沃集团旧有计划结构，建立起“项目任务分解 WBS + 项目需求计划 PRP + 设计制造一体化 C2M”的计划体系，有效破解了“金龙时代”边设计、边计划、边采购、边生产、边变更的难题，助力开沃集团向智能制造升级。

在服务中，南京道庄团队在用友集团的技术支持下，不断升级 U9 cloud系统，基于开沃的业务需求构建新一代解决方案，满足至少未来十年开沃新能源汽车的全程管理。除了日常维护，南京道庄团队的应急服务也非常到位。开沃集团定制的 U9 cloud 是多异构系统并存且集成的系统架构，牵一发而动全身，2020 年 6 月，一次普通的系统环境升级，突然发生多系统瘫痪，如果不能连夜修复，将导致第二天五大基地出现混乱甚至停工。当时已是晚上 10 点，用友立即成立“总部 + 地方 + 现场”应急小组，由南京道庄团队项目经理马则元牵头，总部黄枢带领研发团队联动支持，逐个环节排查问题，逐个解决，终于在天空破晓前结束战斗。

有了用友 U9 cloud 全程护航，开沃集团在企业内部构建起财务 + 供应链 + PLM + MES + 移动条码 + SRM + OA 这 7 大系统，量化指标显著提升，工程变更数据准确性提高了 30%，订单选配沟通效率提高了

50%，车间报工完工入库作业效率提高了50%，生产进度作业效率提高了40%。

专家点评

开沃集团深谙“工欲善其事，必先利其器”之道。在其进入新能源汽车领域的跋涉途中，首先建立起完备的数智化系统，唯有借助数字的力量，才可成就中国制造的辉煌。

开沃集团的主要产品是各类纯电动车，从渣土车、牵引车到宽体矿卡，从环卫车、城市客车到市政工程车，从物流车、公交车到无人驾驶旅游观光车，每一款车型都令人惊艳，从充电升级为换电再到氢燃料，形成了丰富的产品链。内部生产流程非常复杂，涉及多法人、多部门、多分厂的协同。U9 cloud 的上线彻底解决了这一问题，它消除了平台内所有的信息孤岛，哪怕企业与生产制造最边缘的机构都流畅打通，企业内部9大生产基地、上百个部门全部实现无缝集成，从接到订单开始，到设计、计划、生产、采购、质量、库存、财务等各部门协同一致，没有丝毫滞涩。开沃集团在企业内部构建起财务+供应链+PLM+MES+移动条码+SRM+OA这7大系统，量化指标显著提升，工程变更数据准确性提高了30%，订单选配沟通效率提高了50%，车间报工完工入库作业效率提高了50%，生产进度作业效率提高了40%。

基于U9 cloud平台建立的“项目任务分解WBS+项目需求计划PRP+设计制造一体化C2M”计划体系，有效破解了边设计、边计划、边采购、边生产、边变更的难题。数智化就是开沃集团的利器。

开沃集团的第一个目标是2025年销售25万辆纯电汽车，2030年销售50万辆，位列世界新能源汽车前十名。开沃集团的终极目标是“让世界领略中国制造业的魅力”。目前，开沃电动大客2021全年销量为1432辆，市场占有率为3.19%，全国排名第九。同时，旗下氢燃料公交、矿卡、重卡等前沿产品在全国批量运营。另外，开沃产品已累计销往德国、以色列、奥地利、乌拉圭、罗马尼亚、瑞典、波兰、沙特、韩国、俄罗斯、约旦等全球42个国家。相信在不远的将来，开沃的目标一定能实现。

——崔晓阳 中国软件行业协会 数智化管理专家

采访手记

很遗憾，因为疫情以及其他原因，未能采访到开沃集团董事长黄宏生先生，开沃集团负责用友U9 cloud运营的信息部经理徐军坐在了我们面前。

后面的接触印证了我的判断——这是一个低调内敛的企业，或者说是一个脚踏实地、默默耕耘不事张扬的造车企业。徐军本人也是如此，他给我们讲述用友U9 cloud与开沃集团的契合应用时条分缕析，头头是道，谈及个人的付出则一带而过，闭口不提U9 cloud上线初期4个多月住在厂里监控维护的经过。谈到U9 cloud给企业带来的明显变化时，徐军举了“轻客部”的例子，打通MES和U9 cloud后，扣料工序由人工操作升级为系统控制，降低了采购开销和材料损耗，对整车的成本核算作用很大，提高了市场竞价率。

徐军送我们下楼时，路边停着一排创维纯电汽车，阳光照耀下车漆闪着迷幻的光。徐军指着树荫下一辆深蓝色创维EV6，告诉我们那是他的车：“20万元的价格，百万级的享受，加速时推背感十足！开了一段时间后，已经不想再开燃油车了。”

那一瞬间，他俨然成为开沃集团的推销员。

万讯自控

用数字化赋能自动化

万讯大厦位于深圳市南山高新技术产业园北区3号路，这是一栋蔚蓝色的六层建筑，面积约8000平方米，却因为独特的造型设计成为南山产业园北区的一道风景。但据万讯管理团队成员介绍，这栋大厦“很快就要拆了”，已得到相关政府的批文，董事会也通过了拆除万讯大厦、在原址修建150米高大厦的决议。惋惜之余，留恋之时，我们认为万讯大厦就是公司快速发展轨道上的一个缩影，也是一种发展更新，见证了企业成长壮大的沧海桑田，正如管理团队成员所说：“万讯大厦2007年建成，当时还是一个很不起眼的企业，现金流也没有今天这样充裕。但是，就在那一年，企业决定进军行业蓝海，朝‘成为自动化行业受人尊敬的世界级企业’目标努力!”

如今，深圳万讯自控股份有限公司（以下简称“万讯自控”或“万讯”）在中国自动化领域显山露水，占有一席之地，在振兴民族产业的发展道路上迈出了坚实的步伐，获得累累硕果：在深交所上市，业务涵盖智能自动化仪表、物联网智慧服务、MEMS传感器、机器人3D视觉、高端数控系统等领域，是国家高新技术企业。

深圳万讯自控股份有限公司

总裁 傅晓阳

志向高远，朝自主研发之路发展

20 世纪80 年代末90 年代初，中国的改革开放进行到关键时刻。1992 年1 月18 日至2 月21 日，88 岁的邓小平先后赴武汉、深圳、珠海和上海视察，沿途发表了一系列重要讲话，鼓励创新，支持变革，为改革开放破除了种种束缚。“南方谈话”是改革开放的一道分水岭，如果把之前称为改革开放的“尝试期”，那么之后就进入了轰轰烈烈的高潮期。“南方谈话”对深圳的影响尤其重大，深圳虽然早在1980 年就被确定为对外开放的经济特区，但一直处于“摸着石头过河”的尝试状态，公司企业确实增加了很多，但科技含量远远不够。邓小平“南方谈话”打消了人们的方向性顾虑，1993—1994 年深圳掀起了创业大潮，全国各地的人才争相来到深圳，各找用武之地。乘着“南方谈话”的东风，万讯自控公司也应“潮”而生，诞生在南海之滨、改革开放的前沿阵地——深圳。

风雪夜归人

经过一番筹备，1994 年6 月6 日，深圳万讯自控股份有限公司在南山区华侨新村悄然成立。成立之初的万讯注册资金仅有50 万元，员工不到10 人。最初几年，和华为创业早期一样，万讯没有自己的产品，以代理销售国外自动化仪器仪表为主。邓小平“南方谈话”向世界传递了中国加大改革开放步伐的信号，国际上很多制造业巨头都想进入中国市场，国际自控设备某巨头派人到深圳考察市场，看中了万讯核心管理团队的自控领域技术和市场优势，彼此相谈甚欢，很快签下代理协议，万讯自控成为其中国大陆市场的专业代理商，不久又拿到日本高品质调节器、传感器厂商山武（Yamatake）的大陆代理权。

由于人手不够，当初创业团队管理者在负责翻译产品说明书、编写广告样本之外，还担负着接待客户、讲解商品功能、上门调试产品甚至收货发货这类工作，与普通员工没什么区别。当时深圳经营仪器仪表的公司大都在当地报刊做广告，万讯眼光更加长远，把公司的广告做到专业杂志上，特别是全国发行的“自动化三大期刊”《自动化应用》《自动化仪表》和《自动化与仪表》。而且在广告这件事上从不小气，要么买下封三、要么做专版。长期的投入终于有了重大回报，1995 年冬天的一个下午，洛阳玻璃厂打来电话，要订购一批自控设备，当时的产品负责人急忙带着样品坐上绿皮火车，两天后抵达洛阳，然后马不停蹄赶到洛阳玻璃厂，谈下了 20 多万元的购销合同。放在今天，20 多万元算是小单子，但在 20 世纪 90 年代可是一笔大生意，而且对方是当时全国最大的浮法玻璃企业！他难掩内心喜悦，顾不得休息，顶风冒雪连夜踏上回程旅程，当他返回深圳，已经是大年三十的深夜 11 点。站在万家灯火的深圳街头，听着此起彼伏的爆竹声，看着缤纷绚丽的烟花，他为自己身处这样一个改革开放的火红年代而庆幸。像这样“风雪夜归”的工作文化，不仅在万讯创业初期的团队里有不少的故事，而且贯穿了整个万讯发展历史，在基层员工之中也有这样不胜枚举的动人事迹，赢得了上下游合作伙伴的掌声和鲜花。正是这种主人翁的责任文化，加速了万讯的发展与壮大，改写了以代理商起家的模式，走出了一条万讯特色的自主发展之路！

以数显表为突破口

1996年，万讯公司连续两年成为某国际品牌在中国市场销售业绩最好的代理商，在行业也小有名气。但为了满足日益扩大的规模，万讯于1996年5月29日迁到蛇口振兴电子大厦，业务也随之风生水起，与当初的预期和规划基本相符，然而万讯创始团队并没有丝毫沾沾自喜，反而更加坚定了他们把民族制造业做大做强的初心。

水到渠成，万讯在自动化市场崭露头角，成了其他国外品牌关注的对象，并纷纷抛来橄榄枝，要求与其合作。但万讯创业管理团队不甘于这种发展模式，放弃一些合作机会，毅然决定走自主研发为主的创新之路，开发自己的产品，创建自己的品牌。1999年，在圈里闯荡五年的万讯人总结出自动化仪器仪表行业的特点：市场高度分散，产品专业性极强。

但是，中国的市场实在太过庞大，大到无法预测市场边界。尤其在20世纪末21世纪初，改革开放继续向纵深发展，自动化控制系统不断普及，自控领域持续拓宽。万讯创始团队对国内市场具有深刻的洞察力，认为自控设备需要市场，但市场对仪器仪表需求能量更强，仪表行业前景无限广阔。于是创始团队一致同意万讯走自主研发的民族制造业自强之路。

1999年10月，万讯自控开启了企业第一次转型：自主开发数显表。数显表的技术看起来非常简单，但关联的方面纷繁复杂，核心部件有芯片、传感器和高亮数码管，用来精确测量及显示各类电压、电流、功率、电能、频率等电参量。数显表在国内电力、石化、冶金、煤炭、铁路、建筑等工业自动化场合应用非常广泛。万讯以此产品为突破口，发展自主研发，从知名研究所、高等院校招兵买马，组建了研发团队，给当时的中国过程自动化领域带来了一股新鲜的潮流，令人刮目相看，真是

“一石惊起千层浪”。

“万讯一代”

万讯自主研发制造出的第一个产品，得到市场的肯定后，这给万讯走自主研发之路注入一针强心剂，增加了万讯人坚持向研发转型的信心。

2000 年 7 月，万讯在南山区南油天安工业区 7 栋购买了 2050 平方米的产权楼层，作为研发、办公和生产场地，从此结束了租赁厂房和办公场所的流浪日子，在深圳真真正正地站住了脚，也为在中国自控行业闯出一条“自有产品、自有品牌”的发展道路，为我们提供了一个参考蓝本。万讯成立了子公司“万讯仪表公司”，着力培育自主创新与研发能力，大举进军其他产品的研发、制造，向产业化转型，向新兴行业冲锋!

万讯之所以加快自主研发的步伐，基于对国际制造业行业的整体分析。长期以来，中国制造业的演进基本上跟在欧美工业化的技术路线后面亦步亦趋。由于缺乏广泛的工业基础，加之忽视技术积累，与世界先进制造业长期脱轨，致使我们与国际间的“产业梯度差”越拉越大，一旦国际环境出现根本性变故，欧美国家对我们实施技术封锁，中国的民族制造业将会再次陷入停滞不前的尴尬局面。仪器仪表行业的核心技术同样如此，爹有娘有不如自己有，如果国内仪器仪表产业无法在核心技术上尽快实现有效突破，随着外资企业的高速布局以及其所拥有的技术优势，民族企业将会很快失去市场。万讯深知形势的严峻和时机的重要，于是快速反应，果断布局，于 2001 年研发出第一款完全基于自主技术的信号调理器，并批量生产投放市场。

放在今天看，万讯第一代 100 系列信号调理器，采用了早期单片机信号处理操作系统，功能并不完备。但是，万讯一代的特点也很突出，首先，它的主体、底座可以分离，主机可以带电插拔，底座所有型号通用；

其次，它比国外同类产品的功率低0.5瓦，每年可以为用户节省4万度电。这两大特点加上优越的性价比，让万讯一代火遍大江南北，当年销出2万台，创下一个不大不小的奇迹。

万讯大楼

打造专精特新“小巨人”，为民族制造业争光

“万讯一代”成功通过国际著名认证机构——德国 TUV 的 ISO9001 认证后，万讯自控越发意识到科技的力量，公司很快制定了两大发展战略：一是人才战略，积极引进高端人才的同时，与国内自控、动控、电控研究院所，以及开设自动化专业课程的成都电子科技大学、西南石油大学、四川大学等高校展开长期合作，保证公司的研发和技术水平达到或接近国际标准。二是技术领先战略，创新是企业持续发展的灵魂，创新的核心在于技术的更新迭代。在目前这样一个竞争激烈、推陈出新的时代里，谁掌握核心技术谁就能赢得市场，谁的技术先进谁就能成为行业领跑者。为此，万讯自控构建创自 IBM 的 IPD 集成产品开发管理系统，辟建了一座 1000 平方米的实验室，购置了价值 700 万元的实验及测试设备，还将原有的车间设备全部更新为日本 JUKI 自动化生产线。

持续筑建系统，夯实发展

2005 年年末，万讯自控迎来企业史上的高光一幕。由美国《财富》杂志评选的 2005 年度“中国卓越雇主”揭晓，万讯自控从 180 家企业中脱颖而出，位列榜单第八，品牌内涵、企业文化和人才激励等诸方面

均得到社会的高度认可，特别是“工作环境、技术创新、团队协作”三项宏观指标，好评率均在89%以上。

这三项要素也恰恰是万讯格外看重的企业发展基础，企业管理层认为万讯必须建立充满人文关怀和温馨和谐的工作环境才能让员工发挥想象力和创造力；技术创新是补齐产业链条，实现制造业“国产替代”的重要途径；而团队协作则是确保万讯在行业细分市场占据领先地位的关键所在。万讯自控的企业愿景是“成为自动化行业受人尊敬的世界级企业”，在实现这一愿景的过程中，上述三要素缺一不可。

其实，万讯从创立之初，坚持完善企业系统构建，为赢得客户认可和实现企业愿景，奠定了可持续的组织根基。先后聘请德国罗兰贝格和华夏基石的战略专家，实施战略咨询；在美国华信惠悦咨询公司的帮助下，建立 VGSM 企业战略执行管理系统和人力资源管理系统。

与深圳汉捷咨询公司联手，万讯构建创自 IBM 的 IPD 集成产品开发管理系统；和国家可靠性研究中心赛宝实验室合作，进行研发可靠性系统建设；采用 CRM、ERP、PLM、MES、WMS、ESIP 等多种信息系统，企业运营全面实现数字化！

万讯坚持与利益相关者共享成果与智慧。把组织建设作为员工充分施展才智的事业发展平台和多创造多回报的物质回报平台，在4000多家上市企业中，万讯荣登中国上市公司协会联合沪深交易所发布的“上市公司真诚回报榜单”第92名。

逐步实现“国产替代”

谋划长远发展，实现制造业“国产替代”，为民族产业争光，是万讯义不容辞的责任。2007年可以视作万讯自控实现国产替代的分水岭，迁入位于深圳科技园的万讯大厦，公司持续加大研发投入，用多年的技术沉淀助推产品创新节奏，研发团队陆续推出拥有自主核心技术的产品，其中属于高精尖的电磁流量计、阀门定位器、雷达物位计、物联网压力变送器、电动执行器、隔离器、安全栅等产品，均打破了国际垄断，弥补了国内技术短板，实现了国产替代，逐步拿下被外国同类产品占据的国内市场。

以“调频连续波雷达物位计”为例，这种工程雷达的核心技术长期被国际行业巨头垄断，在我国1997年和2008年两波大基建中，掌握核心技术的美、日、德等国际自控仪表厂商从中国赚走了巨额资金。万讯自控的技术团队从“调频连续波”（FMCW）入手，一步步攻克传感器、电磁波、导波天线的核心技术，经过无数次实验室和操作现场实验，终于将信号与介质匹配到国际标准。在攻克低介电常数和大量程应用中回波信号弱的过程中，万讯自控的工程师甚至发明了一项国家专利，解决了导波雷达回波信号应用范围受限难题。相比国际同类产品，万讯“射空雷达物位计”的信号处理能力要强大31%，不仅能够测量液体、浆体、固体的距离、液位和体积，还能换接不同规格的喇叭天线或者不同尺寸、材料的球状天线，即使在工况比较复杂、存在虚假回波的情况下，独特的微处理技术和可调试软件也可以准确分析出物位的回波，在应用性和性价比远胜进口产品，已经成为自控行业典型的“国产替代”产品。

逆疫情而上

2012年7月，万讯自控收购“上海雄风自控工程有限公司”100%股权。并购完成后，万讯自控利用上海雄风成熟的射频导纳及超声波技术，不断完善、升级雷达测控仪表，推出具有国际领先水平的“120G太赫兹毫米波雷达”。作为国产替代的主力，该产品目前已经在水利、半导体、冶金、电力等行业广泛应用。到目前为止，万讯自控是行业内唯一一家拥有雷达、磁致伸缩、磁翻板、音叉、射频导纳、超声波等全物、液位产品线的工业仪表供应商，拥有行业话语权。

在自控领域，一家企业在某种产品上拥有话语权，意味着已经具有制定行业标准的资格。作为致力民族制造业做大做强的践行者和创新者，万讯自控在2014年首次接受全国工业过程测量控制和自动化标准化技术委员会的邀请，主持制定《基于HART协议的阀门定位器通用技术条件》的行业国家标准，而且还与华为、中兴等13家企业，同台被授予“深圳市科学技术标准奖”。最近几年，先后主持和参与起草了阀门定位器、安全栅、气体探测器、物联网压力变送器等产品的国家标准35项，获得国家专利101项，同时还掌握着186项非专利技术。

上市以后，万讯自控制定了“发力当前，培育未来”的经营战略，持续加大产品研发力度，2018—2020年三年研发费用支出分别为5817万元、6714万元和6019万元，平均占到每年营业收入的9%，是行业研发投入规模最大的企业之一。万讯非常重视技术创新，要求科研团队不断提高自有产品的核心竞争力，对产品进行针对性的优化升级，着重研究非接触传感器、新型智能控制、低功耗模块化、现场总线和无线通信模块等技术在新型仪表产品上的应用。在万讯公司高层领导的亲自布局下，成功研发出一批专精特新产品，如智能阀门定位器、高温熔体压力变送器、VD50高性能伺服驱动器、气体泄漏检测仪、温压集成一体化变送器等。即使在疫情肆虐的2020年，万讯自控都没有停下自主研发的脚步，坚持持续投入，陆续推出IOT物联网压力变送器、MEMS双气体传感器、无刷电机风阀执行器、高端数控系统等。其中“CE100系列定位器”能在各类严酷工况下工作，低温下限可至-50℃，精度高达0.5%F.S，填补了国内高端机械定位器的市场空白。特别是“120G太赫兹毫米波雷达水位计”2.0版，广泛应用于水处理、泵站和雨水溢流槽测量液位以及开放排水道中的流量和水位监测，测量精度达到±1毫米、波束角低至2度，最大测量范围可达25米。2020年7月一经推出，即引起市场热烈反响，多家行业知名企业，如山鹰纸业、河北灵寿生活垃圾焚烧发电厂、大唐国际潮州发电有限责任公司、山东太阳纸业股份有限公司、宁夏电投西夏热电有限公司、常州中天钢铁集团、赤峰金剑铜业有限责任公司、湖北锋炬建材科技有限公司等，先后与万讯签订了采购协议。

名副其实的行业“小巨人”

正是因为万讯研发的不断投入，技术创新的日益提速，保证了公司在全行业最艰难时期依然产销两旺。相比同行大幅下降的统计数据，万讯自控在疫情高峰的2020年业绩非常亮眼：全年营收7.3亿元，同比增长5.03%；主营业务“工业自动控制行业”的营收占比为98.91%；企业资产规模达到13.8亿元。

事实上，在通往专精特新“小巨人”的道路上，万讯自控一直都是两条腿走路：努力强化自身发展的同时，不断通过并购扩展企业的外延边际，向自动化领域纵横延伸，业务延伸到智慧城市、智慧消防、智慧水务、智慧燃气等领域。公司先后收购某些细分市场的顶尖品牌企业，如中国气体探测行业的领导品牌——成都安可信、磁浮轨道交通系统传感器领先供应商、中国时速600公里高速磁浮交通系统提供者——广州精信等，为万讯的发展和产业扩张注入了新动力、新血液！对万讯而言，并购并非率性而为，也不是踢掉一块前进路上的绊脚石，每并购一家企业其实都是一次建立在充分调研基础上的长远价值预判。万讯公司每做出一次并购决定之前，都会组织业内人士对并购对象进行市场占有率、技术创新力和产品前瞻性三方面的综合评估，而且并购对象必须物有所值。

比如2013年收购的广州森纳士，它是美国Senex公司1995年设在广州的独资企业，专注压力变送器、差压变送器的研发制造，拥有1000MPa超高压力控制器发明专利。万讯将其并购到旗下之后，对产品进行大幅改进和提升，开发出了精准度小于0.007%、可用于真空状态的超高精度压力控制器。2018年，广州森纳士研发出基于全智能温度补偿和线性修正技术的MEMS单晶硅传感器，经过中美权威机构千万次高频脉冲测试，顺利打入美国市场。2020年3月，森纳士独立研制完成的新型变送器“温压集成一体化变送器”再次惊艳变送器市场。这款产品通过专利技术实现了不停机快速装卸，有效解决了传统设备在布线、管道布孔、引压口、计量等环节的困扰。

此外，万讯还通过投资参股丹麦Scape等企业，推进企业的全球部署和业务拓展。2015年，万讯自控投资纳斯达克上市的企业——丹麦视科普（Scape Technologies），吹响了向机器人行业冲锋的号角，并在该领域攻城略地，业绩斐然。其自主研发的核心产品SCAPE Bin－Picker系统，已被欧美市场的宝马、奔驰、大众、沃尔沃、福特、雷诺等多家汽车产业巨头选用，服务于智能自动化生产，也拿到了东风本田、上海大众、日立压缩机、特斯拉等厂家的订单。

目前，万讯产品已出口美国、德国、加拿大、意大利、日本等多个工业领先国家，被电力、石油、化肥、化工、轻工、玻璃、造纸、冶金、水厂、锅炉等多个行业选用，在数十项中国及世界规模最大的生产装置上应用并得到认可，为中国自动化企业树立了标杆，为民族自动化产业赢得了一片喝彩。2021年前三个季度，万讯营收额为6.4亿元，同比增加29.30%。2021年7月，万讯自控入选国家级专精特新“小巨人”企业，9月，万讯控股子公司广州精信与同济大学、中车株洲电力机车有限公司等单位共同完成的“EMS型磁浮列车悬浮系统关键技术及应用”项目，荣获 2020 年度上海市科学技术发明二等奖。可以说，万讯在打造专精特新“小巨人”、推进“中国制造 2025”的发展道路上，做出了卓越的贡献，成为名副其实的行业“巨人”，向国人展示出全新的风采：万讯以深圳为总部，以成都、天津、江阴为运营基地，完整构建了从电子制造、MEMS 传感器封装到机械加工的智造能力系统，建有业内最先进的 SMT 生产线，MEMS 传感器封装设备和现代化数控加工中心，已经全部实现自动化智能制造！

数智化转型，实现智能制造

在制造业，仪器仪表属于典型的多品种、小批量产品，并且常常是多品种并行，同一款产品中的不同型号，设计参数往往选项繁多。如果再按照附加功能划分，某一类产品，可细分出上亿种组合。如此庞杂的类型，对产品设计、物料采购、技术管控等一系列生产过程的要求非常严格，需要企业对生产资源进行灵活调配。特别是在当今市场需求热点频繁转换的前提下，自控仪表行业呈现出产品生命周期短暂，更新迭代加剧，品种切换迅捷复杂等情况，这些行业新特点对生产制造企业的生产管理提出了更高要求。

携手用友 U9 cloud

实际上，万讯自控早就注意到生产过程中换型频次多、紧急插单频发、生产计划频繁变更、标准作业不易制定等问题。习惯未雨绸缪的管理层，早在 2006 年就组建了信息团队，自主开发并陆续应用 CRM、ERP、OA、MES、PLM、ESIP 等数字系统，力求通过信息化手段，覆盖订单、研发、生产、服务等经营全过程，完成企业各部门之间的协调、控制和管理。但是，处于其系统管理前端的 MRP、WMS、TPM 仍须手工维护，短则一季度更新一次，长则一年一变，也就是说，万讯自控的各个生产环节之间并没有完全打通。2008 年，万讯自控决定采用专业的数字化平台，在甄选标准上提出两点要求：第一，平台本身要足够专业强大；第二，必须具有开放性和兼容性，以适应万讯自控多组织、小批量、频换型、短周期的制造特点。而用友 U8⁺“精细管理，敏捷经营”的理念与万讯的需求惊人的一致，当年 9 月，万讯自控果断上线用友 U8⁺，对 PLM、CRM、BI、HR 以及分销零售等系统进行全面整合。

上市以后，万讯自控不断并购和扩张，很快成长为集团化企业，单组织架构的用友 U8⁺明显无法满足万讯日益细化的作业流程。特别是子公司广州森纳士、上海雄风、江阴万讯、成都安可信等以及合资公司深圳视科普，这些分、子公司与总部之间如何开展协同生产、实现一体作业，成为万讯自控的当务之急。万讯认为，重新建立产品线的 BOM 共用，打通企业端对端的数据联系，是实现多组织生产协同的基本保证，只有把万讯各分支机构的流程用数字化平台彻底打通，才能实现企业全局协同管理，提升企业执行力。在公司高层领导的主持下，万讯自控开始了第二次重大转型——向数字化智造迈进。

2013 年，万讯自控选择用友 U9 cloud 实施由“信息化制造”向“数字化智造”的转型。U9 cloud 是用友专门面向制造业开发的一款多组织数智制造创新平台，可对不同功能单元进行主动拆分和跨组织沟通，特别适合万讯自控这类产品迭代快、生产周期短、生产数量小、边设计边生产、随机插单频繁的制造业企业。

用友快捷的反应机制

与万讯自控对接的团队是深圳用友软件有限公司。公司销售总监彭朝阳亲自协调，组建了由财务顾问、供应链顾问、生产顾问、咨询顾问、技术顾问、开发顾问组成的精干团队，公司领导特别指派具有20年软件工程建设经验的工程师李辉红担任项目经理。由于万讯自控成立以来的基础数据太过庞大，加上两个系统的数据格式不同，在从U8⁺向U9 cloud的切换过程中，项目组边输入、边调整、边测试，克服了重重困难，足足用了半年时间才将将完成。数据切换的最大难点不是海量录入，而是格式的转换，经常出现“末点回车”的现象。“末点回车”是程序员的自谑词，指历尽千辛万苦开发出的一套程序，在最后一个节点点回车键时突然崩溃，一切又要从头再来。彭朝阳的团队经常遇到令人痛不欲生的“末点回车”，比如一个数据包有10万条数据，输入了99999个，最后一个因为莫名其妙的原因，敲下转换键时整个数据包突然报错，于是只得重新来过。更要命的是，“末点回车”往往很难找到症结在哪儿，可能是解码程序，也可能是线程不同步，更多时候根本找不到根源，只要重新输入几遍就自然解决。

2014年4月，用友项目组刚刚撤出万讯不久，恰好是万讯自控向股东披露第一季度报表的时期。当时万讯自控已经公告了4月20日是一季度报表的公布日，但是19日这天财报系统FI莫名其妙报错，无法顺利运行。对一家上市公司来说，这样的系统事故影响重大，一旦第二天不能按时披露季报，定会引起投资者的诸多猜疑，甚至会引来证监会的关注。事情报到深圳用友，彭朝阳急忙启动应急预案，通过集团内部的“绿色通道”直接联系总部研发部，按照一级紧急故障上报情况，用友北京研发部大总工亲自指挥调度，远程操控＋现场连线，半小时就为万讯FI的bug打好了补丁，保证财务报表准时生成。

打破信息孤岛

2019年11月12日，万讯江阴分公司启动用友MES系统，这标志着万讯自控基于 U9 cloud 的数智化转型告一段落。在用友 U9 cloud 平台的加持下，企业内部各端之间、客户与万讯之间、市场与研发之间、采购与销售之间都实现了数据共享和智慧通联。江阴分公司占地 40 亩，属于万讯物位、压力及控制阀类产品线的生产基地，也是万讯唯一一个“复杂零件卧式加工中心”。作为万讯最后一片羽翼，打通江阴分公司的云端数据，万讯就可以朝着制造业“小巨人”展翅腾飞。相应地，这一天是万讯数字化转型的里程碑，意味着万讯的生产进入了智能化、数字化的新时代。万讯信息运营部总监杨敏站在专业角度看待数字化转型，他认为 U9 cloud 打破了企业内部的信息孤岛，完成了端端互联，对“订单下达”到“产品完成”的整个过程进行了优化管理，工艺流程和质量控制实现了精准把控，能够快速定位异常数据并进行修复处理，提高了生产效率，减少了运维工作量，降低了维护成本，赋能企业更多的智慧因素。

在用友 U9 cloud 的高阶驱动下，万讯自控的 ESIP 平台直上云端，每天有 9000 多条跨系统信息交互碰撞，近 400 个交互服务同时运行，CRM、ERP、OA、MES、PLM 等系统各司其职，而且实现了跨系统的数据自动交互和参与控制。主要体现在：①万讯内部各管理岗之间的数据自动交互；②万讯和外部供应商、客户、银行等外部组织间的数据自动交互；③系统和生产/标定/检测设备之间的数据自动交互和参与控制；④价值创造链条中不同信息系统之间的自动数据交互和阈值统一。U9 cloud 还是一个能够不断衍生的开放性平台，让万讯总部的 OA、分公司的 MES、企业在线订单 OMS 等系统实现 BI 控制。

借力用友 U9 cloud，万讯自控从一家单纯代理商蜕变成高速增长的自控行业制造业龙头，并于 2021 年 7 月获评国家级专精特新“小巨人”企业。站在行业角度看，万讯自控通过技术研发完成了诸多国产替代，产品丰富度已经在业内一骑绝尘；未来将向国际高端市场发起冲锋，全面进军智能仪表、MEMS传感器、工业机器人3D视觉解决方案以及中高端数控系统，在国际上挺起中国民族制造业的脊梁。

专家点评

万讯自控以“国产替代，为民族产业争光”作为企业义不容辞的责任。多年来推出拥有自主核心技术的产品，其中属于高精尖的电磁流量计、阀门定位器、雷达物位计、物联网压力变送器、电动执行器、隔离器、安全栅等产品，均打破了国际垄断，实现了国产替代，拿下被外国同类产品占据的国内市场。万讯自控也是行业内唯一一家拥有雷达、磁致伸缩、磁翻板、音叉、射频导纳、超声波等全物、液位产品线的工业仪表供应商。最近几年，先后主持和参与起草了阀门定位器、安全栅、气体探测器、物联网压力变送器等产品的国家标准35项，获得国家专利101项，同时还掌握着186项非专利技术。目前，万讯产品也已出口美国、德国、加拿大、意大利、日本等多个工业领先国家。可以说，万讯在打造专精特新“小巨人”、推进“中国制造2025”的发展道路上，做出了卓越的贡献，成了名副其实的行业龙头，向国人展示出一副全新的风采。

在万讯硕果累累的发展过程中，一直在汲取着数智化的力量。如今在用友U9 cloud的高阶驱动下，万讯自控的ESIP平台直上云端，每天有9000多条跨系统信息交互碰撞，近400个交互服务同时运行，CRM、ERP、OA、MES、PLM等系统各司其职，而且实现了跨系统的数据自动交互和参与控制。主要体现在：①万讯内部各管理岗之间的数据自动交互；②万讯和外部供应商、客户、银行等外部组织间的数据自动交互；③系统和生产/标定/检测设备之间的数据自动交互和参与控制；④价值创造链条中不同信息系统之间的自动数据交互和阈值统一。U9 cloud 还是一个能够不断衍生的开放性平台，兼容企业 ESB，让万讯总部的 OA、分公司的 MES、企业在线订单 OMS 等系统实现 BI 联动分析。

——崔晓阳 中国软件行业协会 数智化管理专家

奔朗新材
向西挺进

2020年12月1日，广东奔朗新材料股份有限公司（以下简称“奔朗新材”或“奔朗”）内部出版了一本二十周年纪念专刊，董事长尹育航以“光荣与梦想”为题，亲自撰写了卷首寄语。他自豪地写道：“奔朗的金刚石工具主要应用于建筑陶瓷的切磨抛深加工。中国建筑陶瓷行业从80年代中期开始引进欧洲的先进技术和设备，经过三十多年的引进—消化吸收—再创新，如今已经创造出世界陶瓷具有独特竞争力的‘中国制式’，一跃而成世界建筑陶瓷强国。”在世界陶瓷工业领域，从20世纪80年代“意大利制式”一统天下，到如今形成“中国制式”与“意大利制式”二分天下的格局，尹育航和他带领的奔朗既是见证者，更是参与者。

广东奔朗新材料股份有限公司
董事长 尹育航

光荣与梦想

1989 年春天，正在南京工业大学攻读工学硕士学位的尹育航面临着毕业后的去向选择，那一年作为较为稀缺的硕士人才毕业分配第一次实行自主择业。他当时有几个选择：回到曾任教的母校西安建筑科技大学，回青岛老家找工作，还有几个单位的邀请。他面临着人生的一次重大抉择。

个性中崇尚侠义的尹育航心中不断涌动着“去改革开放前沿的南方闯天下”的情愫，渴望到充满活力的热土去大展拳脚，于是，他把目光放在了刚建省不久的海南岛和经济特区深圳，这两个地方暗合了他心中“闯荡天涯海角”的心愿。但阴差阳错，他最终来到了“南国陶都”佛山，就职于佛山市陶瓷研究所。

与陶瓷工业结缘，与贵人同行

佛山市陶瓷研究所成立于 1958 年，是国内特种陶瓷行业的先行者，时任研究所所长何锡伶首创国际领先的“冷等静压高温陶瓷棍棒”专利技术，替代进口产品，解决了陶瓷辊道窑国产化和大幅降低生产成本的关键难题，被誉为“棍棒大王”。尹育航入职该所后，担任技术开发工程师，从事与陶瓷生产相关的产品开发工作，逐渐对陶瓷工业发展有了一定认识和了解。几年后，他因工作出色被提拔为副所长。之后被推荐参加英国文化委员会的选拔考试，获得了英国“Chevening 奖学金”，并于 1996 年获得英国索尔福德大学工商管理硕士学位（MBA）。毕业时有些人选择了留在英国就业，尹育航在佛陶集团领导的感召下怀着投身国有企业改革的抱负回到佛山，被任命为佛山石湾生产建筑陶瓷历史最久、拥有 1600 多名职工的老牌国有企业佛陶集团石湾建筑陶瓷厂副厂长，五个月后就任厂长。1997 年佛陶集团推进改革，成立拥有 4000 多名职工的佛陶集团赛纳陶瓷有限公司，尹育航担任总经理。其间他还担任了中国建筑卫生陶瓷协会最年轻的副会长。这些经历让尹育航对国内、国际陶瓷工业的发展和现状有了更深入和全面的了解。

1998 年年底因发展理念不同尹育航选择了辞职，决心去闯新天地。经朋友介绍他遇见了一个改变他事业走向的关键人物——科达创始人卢勤。卢勤毕业于景德镇陶瓷大学机械专业，他敏锐地发现陶瓷机械装备市场的前景和潜力，于 1992 年创办了“佛山市城区五金机械厂”（科达制造股份有限公司前身），专注于陶瓷机械装备的开发与创新，为了事业发展卢勤大手笔广聚人才，先后吸引鲍杰军、吴跃飞、吴桂周、冯红健、黄建起、庞少机、边程、李志林等业内技术、管理人才作为共同创业团队的骨干，一起把事业做大，在尹育航眼里，卢勤这个老板虽不善言辞，却是一个有大智慧和大胸怀的人。有机会成为科达股东，与志同道合的人一起干事业他感到非常幸运。尹育航说，卢勤是他的贵人，科达创业股东团队的伙伴们是他的贵人，所有合作的客户和供应商都是他的贵人。

卢勤的智慧和胸怀赢得了大家的尊敬，此后，十人紧密合作，不仅将科达打造成中国陶瓷行业设备的龙头企业，成为国内最大、全球第二的陶瓷装备整线提供商，还依托科达不断丰富的产业链，紧跟市场需求，解决客户痛点，创办出一系列新公司。卢勤率领的“科达十大股东”团队也被陶瓷行业誉为“中国陶瓷行业创业梦之队”，创造了中国陶瓷乃至世界陶瓷行业的一个又一个奇迹。

奔朗新材就是其中之一。

卢勤率领的“科达十大股东”团队

与股东团队一起创立奔朗

20 世纪 90 年代后期，抓住国内兴起抛光砖的时机，科达率先开发出抛光机、磨边机和大吨位自动压机，逐步替代进口设备，成功实现了陶瓷机械装备国产化。但是，抛光砖加工所需的金刚石工具，如金刚石滚刀、金刚石磨边轮、抛光磨块等陶瓷加工工具的生产技术，仍然被意大利人牢牢掌控。

技术垄断之下，中国的陶瓷生产厂家只能从意大利高价进口设备和耗材，这导致抛光砖的生产成本长期居高不下。当时，400 毫米 ×400

毫米抛光砖的市场售价为每平方米40多元，属于高档家装材料，一般家庭都用不起。卢勤带领的“十人创业股东”感到这是一个很有潜力的市场，决定出资开发金刚石磨具项目，并委托尹育航、吴桂周等人具体负责项目拓展。2000年9月，十人创业股东出资300万元，成立了“顺德市奔朗磨具有限公司”，后更名为“广东奔朗新材料股份有限公司”。

奔朗与科达衍生出的其他几家公司一样，都属团队创业。虽然股东是同一批人，但这些公司在法律上却与科达公司没有关系，每家公司具有各自的股权结构，由一位股东负责独立经营。奔朗成立之后，尹育航担任总经理。为了充分体现经营者的责权利，激励经营者拿出创业者的勇气和干劲儿，卢勤提出每个公司经营者一定要当大股东，要完全独立发展，结果自负。就这样，十人创业股东开始了股权变革。尹育航通过增资、股权购买等方式，将奔朗新材的股权增持到50%以上，成为奔朗的第一大股东。

注册国际商标“Monte－Bianco”

得益于战后重建带来的需求暴增和温暖适宜的地中海气候加持，“二战”结束后，意大利陶瓷工业获得飞速发展。在长达近半个世纪的时空里，以意大利为代表的欧洲陶瓷、石材加工类金刚石工具技术一骑绝尘，统领着全球市场。

奔朗品牌的名称“Monte－Bianco”看着像英文拼写，其实是意大利语“勃朗峰”。勃朗峰位于法国与意大利交界处，海拔4807米，是阿尔卑斯山脉最高峰。奔朗公司以此作为品牌名称，含蓄地表达了其赶超世界一流，勇攀行业高峰的雄心。

2010年，奔朗启动了“马德里国际商标”注册，意大利是马德里联盟七十多个成员国之一。当到意大利去申请注册商标时，看到他们要注册的商标名称居然是“Monte－Bianco”，意大利商标局疑惑地提出质疑，你们一家中国公司，为什么要用“勃朗峰”作为商标，而且还是意大利文？这你们得解释清楚。

负责商标注册的部门考虑到尹育航酷爱徒步、登山，多次表达过希望有机会去阿尔卑斯山徒步的愿望，便给出了这样的解释：我们董事长尹育航先生是个徒步登山爱好者，他特别喜欢阿尔卑斯山的勃朗峰，用Monte－Bianco做商标纯粹出于他个人的兴趣爱好，没有任何其他含义。后来，顺利通过审核取得注册权。奔朗在国外七十多个国家和地区成功注册了“Monte－Bianco”商标，为奔朗开拓国际市场、建立国际品牌奠定了基础。

成长为行业龙头

成长于20世纪七八十年代的知识分子，身上不乏激情与理想，骨子里也不乏民族气节。商海浮沉十余年，见多了中国产品在国外遭受的冷遇，尹育航和奔朗团队由衷滋生了“为民族工业争光，为中国人争气”的志向。这志向虽屡遭坎坷挫折，但从未改变。

执掌奔朗，让尹育航有了施展商业抱负的舞台。

奔朗公司成立不久，他就和企业核心团队定下“实现国产替代、赶超世界金刚石工具最高水平”的奋斗目标，并制定了“高技术、多样化、国际化”的发展战略。那时候，奔朗刚起步，连厂房都是租的，尹育航和他的团队在这样的环境下依然豪气冲天。

奔朗的第一个目标是实现“国产替代”，喊出去容易做出来很难。国产替代指的是高端制造业通过掌握核心技术，生产出被外国企业垄断的产品，打破外国技术的封锁，实现中国制造的平稳发展。国产替代的核心是“自主可控”，可是先进技术都在欧洲人手上，奔朗怎么实现高新技术“自主可控”？金刚石工具是材料科学的一个重要细分领域，技术含量高，可借鉴经验几乎空白。俗话说“没有金刚钻，别揽瓷器活儿”，可别小看陶瓷加工，瓷砖经过约1200℃高温烧成，形成又硬又脆的瓷质结构，非金刚石工具不能加工，金刚石工具就是加工瓷砖的“金刚钻”。现任公司常务副总经理、总工程师陶洪亮从头开始学习、试验、验证，带领技术团队硬是揽下了这个“瓷器活儿”。奔朗人就是靠着这股志气，一点点揣摩、一点点仿制、一点点改进，通过数不清的反复试验和技术攻关，一点点缩小与国外进口产品的差距，从模仿到创新，再到超越，硬是走出了一条赶超世界先进水平的自主创新之路。

技术难关攻克了，奔朗的成本优势开始显现。举个例子：2001 年，国产冰箱空调压缩机全线引进国外生产线，其中一款陶瓷结合剂 CBN 内圆磨砂轮，使用日本产品价格高达 1 万元，奔朗瞄准这一产品攻关成功后，售价仅 1800 多元，这项技术成果获得“佛山市科技进步一等奖”。其他类似例子还有：陶瓷生产厂家用的 400 型滚刀，进口产品价格为 1. 5 万多元，奔朗自主研制的产品售价仅为 2000 元。磨边轮的进口产品售价为 3000 多元，奔朗的国产替代只有 500 多元；金刚石锯片进口产品为 1000 多元，奔朗产品只要 300 多元。在国际市场上，奔朗产品对标意大利产品，性价比优势显而易见。

经过三年积累，奔朗已经替代掉七八成国外产品，在几个主要产品上做到了国内第一。2003 年 8 月，奔朗在佛山市顺德区陈村镇购买了一块厂房用地建了自己的工厂。本着“先生产，后生活”的原则，奔朗建厂后的前 5 年只有生产车间，没有办公楼和宿舍楼。他们将一栋厂房的二楼作为办公室，为了让前来合作的外国客商建立信心，特地在门口挂上一块“Temporary Office”（临时办公室）的招牌，意思是告诉国外客商我们以后发展起来了，一定会“鸟枪换炮”的。

有了稳定的阵地，奔朗在市场、业务、人才、营销等方面正确布局，队伍不断壮大，业务不断提升，市场不断扩大，奔朗从此一路突飞猛进：2011 年销售额突破 5 亿元，2012 年以来年均销售额一直保持在 6 亿元左右，即便是在疫情严重的 2020 年仍是如此。二十年来，奔朗首创新技术、新产品、新应用 20 余项，并承担多项国家级科技项目，技术成果荣获“中国机械工业科学技术奖一等奖”“广东省科学技术进步奖二等奖”，申请专利 160 余项，其中发明专利 56 项。

目前，奔朗已成长为国内超硬材料制品行业龙头企业，在全球陶瓷加工工具细分市场占有率排名第一，并在全球拥有 13 家独立法人公司，员工近千人，产品品类超过 1000 余种，在全球拥有 1400 多家客户，产品远销 60 多个国家和地区。业务领域也从最初的陶瓷加工金刚石工具拓展到石材加工、机械零部件和光学玻璃精密加工金刚石工具、稀土永磁材料等新材料开发和应用领域，成为朝气蓬勃、发展壮大的一家新材料高新技术企业。

奔朗老厂房一角旧貌

奔朗办公大楼现貌

一路向西挺进

早在2002年，奔朗就制定了国内、海外市场50%∶50%的市场战略，明确提出出口销售额要达到总销售额的50%以上，这是公司“高技术、多样化、国际化”发展战略的具体体现。事实上，奔朗在2014年就实现了这一目标，外销额2.82亿元，2018年突破3亿元。2020年，在疫情阴霾笼罩下，奔朗出口销售额逆势上扬，达到总销售额的55%以上。

在奔朗会议室里，挂着一张世界地图。地图上，所有开设陶瓷工厂的国家都有标记，而有奔朗客户的国家也被标上记号，看着地图上一路向西延伸的记号，尹育航心里充满自豪感和成就感。他的愿望是终有一天，奔朗产品将在意大利占有一席之地。

二十年来，以国内为起点，沿着“东南亚—中东—印度—欧洲—南美”一路向西挺进，奔朗新材一步一个脚印，朝着“赶超世界第一”的目标稳步前行。

扬帆出海

为了实现国际化、一路向西战略，2003年7月，奔朗正式成立出口部，现任公司副总经理、国际事业部总经理杨成担任首任出口部经理，负责海外市场开拓。

第二年，以展会为突破口，“Monte－Bianco 奔朗”品牌相继在意大利和德国举办的行业展会上亮相。据当年被派往意大利参加展会的业务员纪胜和（现任海外区域营销总监）回忆，奔朗第一次海外参展展位很小，位置也不显眼。但与海外同行同台竞技，奔朗团队半点儿也没怯场，因为他们坚信，奔朗产品是全球市场性价比最高的产品。

彼时，在中国建筑陶瓷行业，拓展海外业务的企业还非常少，海外陶瓷厂商生产使用的设备和相关配套产品主要由欧洲供应商提供，因此奔朗的海外竞争对手主要是“洋同行”，产品面对的都是“外国机”，这激励着奔朗必须站在国际市场的高度进行技术研发，高标准组织生产，严格控制产品质量，才能提供可替代欧洲同行的产品。陶洪亮带领研发团队攻克了一个个技术难关，生产出一批批符合国际市场要求的产品；杨成带领销售服务团队参加展会，走访客户，为客户提供周全的技术服务和有力的售后服务保障，打破了一个个“坚冰”。在与国外客户打交道的过程中奔朗技术团队和业务团队紧密配合，并肩作战，形成了一套奔朗特色的“为客户创造价值”的经营和服务理念，一直传承发展到现在。

奔朗产品开发出来之后，市场定价往往只有意大利同类产品的几分之一，但刚开始，外国人根本不相信中国人能造出可以替代意大利工具的产品，而且还是那么低的价格。他们多年来形成了“迷信”：中国货便宜但质量不行，不可靠。奔朗的工程师就耐着性子，从一个产品、一个装机位置、一条生产线开始，通过一次次试验对比，终于拿出令人信服的数据，证明中国产品不仅能替代意大利产品，而且具有更高的性价比优势。凭借这一优势，加上及时周到的技术服务，公司 2004 年出口额 4000 多万元，在中国台湾、泰国、马来西亚、越南、印度尼西亚等地区和国家拥有了初步的客户基础，奔朗品牌开始在国际初露头角。

在国内和东南亚市场站稳脚跟后，奔朗将目标瞄准了中东市场。

2004 年奔朗品牌独立参加意大利展

海内外展会上海外客户络绎不绝

植根中东

2005 年，凭着免费安装试用、让客户反复试验确认的笨办法，奔朗拿下了全球著名建筑陶瓷砖生产企业 RAK CERAMICS（以下简称 RAK）的业务。RAK 总部位于阿联酋哈伊马角（Ras Al Khaimah），是当时全球最大的陶瓷工厂，其销售网络遍布全球，生产基地覆盖中东、北非、亚洲、南美洲等地区。与其合作，为奔朗品牌的国际推广提供了有力支撑。

用奔朗产品替代意大利产品后，RAK 每年可以节约上千万元磨具成本。但这还远远不够。RAK 所属的哈伊马角虽然拥有丰富的油、气能源，但其国王希望大力发展实业，RAK 就是成果之一。该国虽然能源资源丰富，但其他资源却很匮乏，很多物资都依赖进口。RAK 生产陶瓷所需的原料和设备几乎全依赖进口，如何节约成本一直是个难题。

奔朗销售给 RAK 的金刚石工具有一个共同点，简单说就是一个金属基体上焊接有若干个金刚石刀头，刀头消耗完之后，基体还可以更新后再次使用，但更换刀头的生产工艺比较复杂，必须要有专用设备。在国内，通常是客户用完产品之后，奔朗就派人去将基体取回工厂进行更新处理，处理好之后焊接上新的刀头，再发给客户，一个金属基体平均可以使用 3～4 次，这样可以有效降低客户的使用成本。但在阿联酋，因为没有专用设备和技术人员，无法更新使用基体，RAK 购进的金刚石工具只能使用一次，当时 RAK 厂区内堆积了大量用完的基体，储存到一定数量后还需要租船把基体当废铁运到其他国家廉价卖掉，造成成本极大浪费。

本着为客户创造价值的经营理念，奔朗客户经理提出了创新性建议：在 RAK 工厂内设立一个复焊加工点，专门为 RAK 提供基体重复利用的增值服务。这个建议立即得到了公司的高度重视并迅速采取了行动。当 RAK 高层得知奔朗建议在他们工厂内设立一个复焊加工点，进行金刚石滚刀和磨边轮的复焊服务，专门对堆积如山的旧基体进行更新再利用时，他们非常高兴，认为这样可以大幅降低生产成本并有利于双方长期互利合作。复焊加工点建成后，RAK 的金刚石工具使用成本又降低了 20%，而且供货灵活性大幅提高、交货时间也大大缩短。这一事例充分体现了奔朗从理念、技术、产品到服务一体化为客户创造价值的真诚和实效，赢得了客户的高度赞誉。借助 RAK 的影响力，奔朗的产品与技术随后逐渐渗透到沙特、伊朗、土耳其等国，又越过地中海进入非洲。

2007 年，奔朗出口业务规模突破 1 亿元，2009 年达到 1.5 亿元，2011 年突破 2 亿元，2014 年达到 2.82 亿元，实现出口销售额超过 50% 的目标。至此，奔朗业务版图已扩张至亚洲、欧洲、非洲和美洲等 50 多个国家和地区，海外客户数量超过 300 家。

在 RAK 客户现场服务

印度突围

作为世界第三大瓷砖生产国和消费国，印度成为奔朗锁定的一个重要战略目标。但奔朗产品要打进印度市场并不容易。

从1600年英国在印度设立东印度公司到1947年印度独立，印度受以英国为首的欧洲文化影响长达300多年，这导致印度人对欧洲普遍比较崇拜。由于不了解中国，印度人对中国产品缺乏信任。当时，整个印度陶瓷工业都在使用意大利产品。看过奔朗提供的样品，印度企业负责采购的经理回绝口径基本一致：第一，你们的产品看上去太粗糙了，跟意大利完全没法比；第二，便宜没好货，你们产品卖这么便宜，肯定是质量不行。

开口闭口都在夸意大利产品好，奔朗的营销人员听着很不舒服，但也不得不服气，因为人家说的是实情。以磨边轮为例，当时奔朗的技术还未达到可以替代意大利产品的地步。意大利产品是连续式磨边轮，奔朗产品则做成了刀头式磨边轮，因为连续式产品技术难度和成本都很高，奔朗尚未掌握核心技术。另外，奔朗磨边轮没有与意大利机器进行磨合实验，装到意大利机器上后，会出现刀头偶尔掉落的情况，导致用户体验非常不好，从而认为奔朗生产的所有产品都不行。

看来，想打开印度市场，第一步仍得继续夯实产品质量。要让印度客户心悦诚服地购买、使用奔朗产品，首先得能够在意大利的机器设备上正常使用。为此，无论是尹育航、陶洪亮、杨成还是普通员工，每次从印度出差回来的奔朗人，行李箱里装的不是免税物品，而是从陶瓷生产厂那里收集来的废弃铁疙瘩——用过的意大利产品。没有技术、没有图纸，奔朗工程师只能拿着人家用完的产品进行测绘、分析、开发。当时，有的生产厂家同时使用意大利好几个厂家的设备，每种设备的型号、尺寸、规格都不一样。为了让自己的产品能在这些设备上正常使用，奔朗从最容易做的入手，然后逐个击破，最终研发出了一系列能匹配各种意大利设备型号的金刚石系列工具。

产品生产出来了，但印度客户却不愿意试用，怎么办？打感情牌，从交朋友入手。印度传统文化与中国传统文化有很多相似之处，两个国家都是历史悠久的文明古国，都曾为人类文明做出过重大贡献，文化是相同的，本身都有热情好客的传统，如果接受你、信任你就很容易交上朋友，本着真诚对待、友好相处、处处为客户着想的态度，尹育航、杨成、朱海啸（时任技术服务工程师，现任海外区域营销总监）都慢慢交上了一些印度朋友，有的已保持了近二十年友谊。从朋友的工厂开始试用奔朗产品，先换上一两个，如果不行就立即换下来。奔朗工程师不敢马虎，亲自跟着他们的操作工一起操作，有问题即时解决。通过大量试验和改进，奔朗逐个攻克各个难关，产品开始全面进入印度客户工厂替代意大利产品，为客户大幅度降低了生产成本。

信任的基础一旦建立，后续的合作就变得顺风顺水。如今，印度陶瓷工业基本主流已采用“中国制式”，所用设备百分之八九十购自中国，不少陶瓷工厂干脆将工厂整体装备全部打包交给中国设备提供商，采取“交钥匙工程”。同时，中国金刚石工具也在印度市场占据了主导地位。

奔朗股东们敏锐地察觉到，过去 20 年，印度陶瓷企业从几十家发展到几百家，作为一个世界人口大国，其陶瓷工业未来将有巨大的发展潜力，并且本土化生产一定是大趋势。看清了这一点，奔朗着手在印度投资建设本地化金刚石工具生产厂，起初只是做一些简单的生产加工，后来随着市场变化不断扩大生产范围。为了方便管理，奔朗 2013 年在香港设立全资子公司“香港奔朗”，再由香港奔朗投资，在印度注册成立了“印度奔朗”。

奔朗在印度攻下较大市场份额时，国内同行也快速成长起来，追随奔朗脚步杀进印度市场，掀起激烈的价格战。十几年前有些同行到印度客户那里的报价模式就是直接在奔朗的报价单上打多少折。随着印度陶瓷工业不断扩大，印度本地一些金刚石工具制造商也逐渐有所发展，更加剧了市场竞争。奔朗在印度市场进入了由攻转守阶段。为保持行业领先地位，奔朗一边积极巩固印度市场，一边继续向西突围开辟欧洲市场。

在印度客户现场服务

逐鹿欧洲

“欧洲奔朗”成立于2018年，但早在十多年前，奔朗就以石材加工金刚石工具为切入点开始进入俄罗斯、乌克兰、波兰等东欧市场，后来在意大利、德国、西班牙、希腊等西欧国家也有一些石材加工或陶瓷加工客户，但总体上销售规模不太大。

意大利和西班牙是老牌的欧洲陶瓷强国，一直代表着世界陶瓷工业的先进水平，目前在诸如机械设备、技术与艺术设计、色釉料、品牌影响力、创新力等许多方面仍处于领先地位。金刚石工具的整体水平仍然较高，有些品类还保持着世界领先水平。

早在十年前，奔朗就已具备与意大利顶尖企业在陶瓷加工生产线上同台竞技的能力，从早期单纯依靠成本竞争优势，到后来单品竞争，再到后来系统产品解决方案竞争，在欧洲以外的市场奔朗占了上风，但是，在注重欧洲传统的意大利市场奔朗还难以实现大的突破。欧洲奔朗的成立，为奔朗长期扎根意大利，继续学习和赶超世界先进水平创造了有利条件。

2020年，面对突如其来的新冠肺炎疫情，不少企业发展严重受阻。奔朗则迅速反应，制定一系列应对措施，为客户提供全天候在线服务，复工后更是开足马力保生产，保证海外市场的产品供应和主动服务。欧洲奔朗利用多渠道物流和海外仓库调配产品，与国外代理商通力合作，打破物流、人员受限的困局，保障了客户的生产需求。

未来，欧洲奔朗任重而道远。

数智化转型谋未来

2019 年年初，面对行业整体低迷、竞争压力加剧、经营成效下滑、新业务难以突破等多重发展压力，奔朗启动了“以市场为导向、以客户为中心、以服务为根本”的组织转型，调整公司组织架构，改变过去以母子公司、法人单位为主体的管理模式，形成了以业务主线连接事业部的新组织架构，设立陶瓷加工、石材加工、精密加工、稀土永磁材料四个事业部，并重新定位集团总部的职能，打造赋能、支撑、保障、管控、监督等一体化服务平台。

同时，奔朗与用友合作，启动了制造业 ERP 系统的建设和全面信息化的升级转型，通过更加完善、高效的信息化管理手段，逐步搭建起以绩效为导向、以数据为依据的全面数字化管控体系。目前，用友 U9 cloud数智创新平台、OA 协同办公系统、CRM 销售管理系统、PLM 产品全周期管理系统、BI 分析系统等都已在奔朗集团总部和各子公司上线运行。公司“基于工业互联网的全球客户运营服务平台”的数智化转型项目，获评“2020 年佛山市工业互联网标杆示范项目”。

信息孤岛之困

早在 2002 年，奔朗就树起“减少浪费，实现无纸化办公，让沟通和流通更方便”的朴素初心，建立起原始的数字化进销存系统。2003年，奔朗成立了信息技术部，负责企业的数字化建设，现任信息技术总监何文彬就是较早的信息技术员之一。

作为奔朗信息化建设的带头人，何文彬见证并参与了公司信息化建设的全过程：最早的进销存系统建立起来之后，很快就于2005年做了流程再造和功能扩展。随着公司规模不断扩大，管理复杂程度也不断加大，奔朗信息部通过主动摸索，对第一版进销存系统进行了完善和丰富，助力公司全盘统筹。2010年，上线运行生产过程实时可视系统MES，2012年运行全员设备管理系统TPM和人力资源管理系统HRM。

2019年，奔朗已在全球拥有13家独立法人公司、1400多家客户，各种管理难题频频出现，直接体现在每月的财务报表上：国内10家、国外3家公司都是独立法人，独立进行财务核算，把财务部折腾得不得消停。为了完成集团化管理，每月仅围绕做财务报表这块，就要投入40多人。这还不算，财务报表合并更是麻烦，用时长达十天半月不说，财务报表还时常出现各种差错，也无法呈现销售、客户、成本、绩效等动态信息，给公司管理和决策造成很大困扰。

不仅CIO何文彬，董事长尹育航也很快意识到问题的关键所在：奔朗已经设置了所有环节，但环节与环节之间并没有用数据打通，还是一个个信息孤岛。要解决这个问题，必须下大功夫打造一个更大的、足以覆盖企业所有流程的数字平台，将所有环节都放到这个平台上运行，通过数据链接实现环环紧扣。

携手用友U9 cloud，打造数智制造创新平台

在打造数字化平台这件事上，何文彬与尹育航意见一致。但在怎么做的问题上，两人一开始有明显分歧：尹育航主张交给专业机构去做，

直接购买一套软件系统。而何文彬则主张自主摸索、量身定做、分步集成，他的出发点其实很好，由于 2019 年整个行业大环境不好，加上要消化掉前些年的应收账款损失等因素，奔朗的资金状况一度有些紧张，购买专业软件开支不菲，对当时的奔朗压力很大。但尹育航从战略角度出发，他深知一家制造业企业的功能不在于摸索、研发一套解决企业瓶颈的软件，而在于如何发展技术和生产。研发 ERP 本就不是奔朗擅长的领域，不同领域的尖峰需要不同的团队攀登，奔朗应该攀登超硬材料领域的技术高峰。很快他们就达成了一致目标。

在选择国产软件还是进口软件上，尹育航没有迟疑，给出的回答令人动容：支持民族软件，就如社会支持奔朗产品一样，中国人干什么都行，做软件肯定也不输外国人。一是出于对用友研发实力的信任；二是出于对用友佛山商业伙伴瑞杰科技有限公司总经理黄朝晖及其团队服务能力的信任，奔朗经过几轮选择比较之后，选择了用友 U9 cloud 作为企业数智制造业创新平台。方案确定之后，黄朝晖和他的团队不敢有丝毫马虎，每一个细节都仔细推敲，还从北京请来用友高级工程师坐镇。

为保证项目顺利实施，佛山市瑞杰科技有限公司总经理黄朝晖派出了拥有 15 年工作经验的邝灼辉担任项目经理，住在奔朗总部施工。奔朗方面，尹育航给信息部下达了死命令，“平均每个月完成一个法人单位的建设”，为完成这一指令，信息技术中心经理蓝艳飞全程跟进，协助作业，对项目进度严格把关。时间紧，任务重，双方团队都铆足了劲儿赶进度，但信息系统建设是一个非常复杂的过程，运行途中几乎每家子公司都会遇到问题，最要命的时候每个问题都各自独立，没有任何关联之处，为解决和消弭问题，双方团队经常连续几天几夜加班。

2019 年 10 月 1 日，奔朗总部和一个子公司系统正式上线。2020 年疫情期间，双方团队也没有停歇，全部在线远程作业。前后经过 13 个月的紧张奋战，奔朗 13 家公司的 U9 cloud 系统于 2020 年全部正式上线运营。

奔朗 U9 – ERP 项目签约仪式暨启动动员大会

合作双方项目组代表合影

数智化转型成果初现

用友 U9 cloud 平台的上线，给奔朗带来的一个最明显改变就是全面打通业务和财务，实现了动态化生产成本核算，尹育航坐在自己的办公室可以清晰看到整个公司的运营情况，公司技术状况、采购状况、生产状况、销售状况、资金回笼状况等一目了然。合并财务报表的时间从过去的 10 ~ 15 天减少到 10 天以内，财务人员从过去的 40 多人减少到 20 人，财务工作效率提高了一倍。

在尹育航看来，借助 U9 cloud 打造的平台并不单单是一个信息打通的问题，它还是一个管理思想重新梳理和提升的过程，给管理者带来管理思维和工作习惯等多方面的改变。最重要的是，它帮助企业与客户建立了更加高效的沟通和更加紧密的联系，基于互联网的“奔朗全球客户运营服务中心”上线运行后对公司整体运营管理、客户服务、快速响应等发挥了巨大效能，公司管理水平上了一个新台阶。在何文彬和蓝艳飞眼里，用友 U9 cloud项目建成后，数据引导的强大体系对企业发展起到超乎预料的作用。特别是奔朗的绩效体系，各端打通之后，不仅激发了员工的工作积极性，也节省了很多不必要支出。

于奔朗而言，上线 U9 cloud 数智制造创新平台，只是实现数智化转型的第一步，未来还有更长的路要走。显然，奔朗已经准备好了。

专家点评

奔朗公司成立不久，企业核心团队就定下了“实现国产替代，赶超世界金刚石工具最高水平”的奋斗目标，并制定了“高技术、多样化、国际化”的发展战略。20年来，奔朗首创新技术、新产品、新应用20余项，荣获“中国机械工业科学技术奖一等奖”“广东省科学技术进步奖二等奖”，申请专利160余项（其中发明专利56项）。奔朗已成长为国内超硬材料制品行业龙头企业，在全球陶瓷加工工具细分市场占有率排名第一，并在全球拥有13家独立法人公司，员工近千人，产品品类1000余种，在全球拥有1400多家客户，产品远销60多个国家和地区。业务领域也从最初的陶瓷加工金刚石工具拓展到石材加工、机械零部件和光学玻璃精密加工金刚石工具、稀土永磁材料等新材料开发和应用领域，毫无疑问地成为陶瓷加工领域中一家新材料高新技术企业。

奔朗新材的发展同样离不开数智力量的支撑，离不开对用友ERP的制造业数字化平台U9 cloud的选择。该平台的实施上线，给奔朗带来的一个最明显改变就是全面打通业务和财务，实现了动态化生产成本核算，总经理坐在自己的办公室就可以清晰看到整个公司的运营情况，公司技术状况、采购状况、生产状况、销售状况、资金回笼状况等一目了然。国内10家、国外3家独立核算的法人公司，合并财务报表的时间从过去的10~15天减少到10天以内，财务人员从过去的40多人减少到20人，财务工作效率提高了一倍，基于数据引导的强大体系对企业发展起到超乎预料的作用。

——崔晓阳 中国软件行业协会 数智化管理专家

采访手记

采访之前，征求尹育航意见，我们的拍摄团队是否需要带化妆师。因为大多数男企业家比较抗拒化妆，但尹育航爽快同意了。一个比较注重自身形象的企业家——这是尹育航给笔者的第一印象。见面后，他带着我们来到他办公室顶层的一间茶室，烧好茶给大家一一斟上，待初次见面的陌生感淡去，气氛变得比较融洽之后，才开始了正式采访。

他一开口，就让人感觉这是一位令人惊喜的受访对象：思维缜密、逻辑严谨、条理清晰、口才一流。接下来的三个小时里，与其说是采访，不如说是他一个人的演讲，连重点都给你画好的那种。他用词简练，普通话标准，连语速都控制得恰到好处，当了解到他曾作为佛山企业家代表成为温家宝总理座谈会参会代表时，笔者一点儿都不惊讶。

可能很难用一个词来概括尹育航：他热爱中国文化，曾下苦功学习过阳明心学；文笔与口才一样好，奔朗内刊每季一期，他期期亲笔撰写卷首语，坚持了数十年；他热爱登山、马拉松等极富挑战性的运动，所以现在的他，与十年前的照片中的他基本一样。

谈到奔朗的国际化之路时，他说，国际商业交流的本质其实还是一种人文交流、文化交流，人家对中国产品和中国人的印象，就形成了他们对中国的印象。中国产品走向世界的过程，就是中国文化走向世界的过程，其本质上也是一种文化输出。我们深以为然。

采访最后，他很认真地给用友提了三条建议，并希望能转达给王文京先生：一是大数据时代，企业很担心信息安全问题，用友得想办法让用户打消这种担忧；二是用友产品软件价格太贵，使用成本有点儿高，能否降低软件价格，将利润放在服务环节；三是可以像申请家电下乡补贴那样，申请国家软件信息化政策补贴，掀起一场“送软件进企业”风暴，帮助像奔朗一样的成长型企业、广大中小企业顺利实现数字化转型。

富创精密

向制造业的“珠穆朗玛峰”冲刺

位于沈阳市浑南新区产业园东区的沈阳富创精密设备股份有限公司（以下简称“沈阳富创”或“富创精密”），是本轮采访中唯一一家地处东北地区的企业。在沈阳这个以装备制造业为主的“中国重工业基地”，富创精密的规模和体量都不大，2019 年营收 2.53 亿元，2020 年营收 4.81 亿元，2021 年上半年营收 3.45 亿元；截至 2021 年上半年，企业资产 17.75 亿元，是一家成长型民营企业。但是因为承担着“国家科技重大专项（02 专项）”之“极大规模集成电路制造设备及成套工艺”的落实任务，在东北制造行业内属于标杆企业。

IC 装备产业的特殊使命

富创精密的创立背景

富创精密是一家半导体设备精密零部件制造商。半导体产业属于特殊制造业，代表着人类高科技制造技术的最高水平，它的最大特点是技术更新迭代非常快，而且从来不被市场左右，任何一种想在需求端倒逼行业屈服的努力都以失败而告终。作为人类高科技制造业的最尖端领域，半导体产业链的全球化特征非常明显，首先，它的市场需求与人口基数成正比，中国、印度以及非洲是最大的需求市场；系统开发和尖端技术则被欧美垄断，我国台湾占有芯片生产的绝对控制权，日韩公司掌握着材料、设备和关键零部件的研发制造主导权。作为全球最大的经济体，我们在崛起的过程中，既离不开半导体和半导体产业，也离不开半导体产业链，最好的方式就是积极参与到这一行业中来并且尽快追赶欧美日韩，把全球最大的需求市场转化为全球最大的研发制造基地。实现这一转型的措施无非有三：第一，资金上持续高投入，尤其要大力扶持实力明显偏弱的中小型民营半导体企业；第二，我国的半导体产业长期受到美国打压，发展之路可谓“道阻且长”，要尽早建立更具吸引力的人才制度，进行人才引进和人才储备；第三，制定长期且精准的产业扶植政策和强有力的创新激励措施，当然，再好的政策和措施也要落到实处，因地制宜、狠抓落实是政策落地的有效途径，沈阳富创就是在省市区三级政府的齐抓共管下得以稳步成长。

富创精密从事的是半导体产业的细分领域——IC 装备，即半导体设备精密零部件的研发制造。IC 装备产业是指半导体器件、集成电路芯片和平板显示器这些关键部件的专用设备生产制造行业，由于 IC 装备关键零部件具有精度高、批量小、多品种、尺寸特殊、工艺复杂等特点，生产过程中要兼顾材料的强度、纯度、应变、抗腐蚀、电子特性、电磁特性等复合功能要求，程序极为烦琐细密，要求格外严格苛刻，对制造企业的技术能力、工艺水准、制造平台等基本面设限极高。特别是微电子零部件的加工制造，在超精密测量、机加工精度控制、表面特殊处理以及原材料批次的一致性等方面，制造标准之高、之严，堪用“变态”二字形容。正因为 IC 装备产业特别是精密零部件制造，始终占据着人类制造科技的最高点，该行业才被称为制造业难以逾越的“珠穆朗玛峰”。

小零件里的大生意

2003 年，因中国科学院沈阳自动化研究所旗下“沈阳先进制造技术发展有限公司”（以下简称“沈阳先进”）拟引入投资者，郑广文认可中国科学院沈阳自动化研究所的相关技术资源和产业化机会，于是投资入股沈阳先进，正式进入高端精密制造领域。2008 年 6 月 10 日，沈阳先进、辽宁科发实业有限公司和 Fortrend Engineering Corporation 签署《投资合同》和《沈阳富创精密设备有限公司章程》，共同出资设立沈阳富创。

沈阳富创成立伊始，知名度不高，加之关键制造设备尚未到位，早期订单大多数为加工生产半导体设备较小零部件。采访时，富创精密信息部部长王棉自豪地说："我们从几十人的小公司成长为国家级专精特新'小巨人'企业，就是从一颗颗螺丝、一个个垫圈做起来的。"随着沈阳富创的数控机床陆续到位，经过紧锣密鼓的安装、调试，相继投入使用，公司的业务量也逐渐增多。

2011 年，沈阳富创牵头承担国家"国家科技重大专项（02 专项）"中的"IC 设备关键零部件集成制造技术与加工平台"项目。通过自主研发和依托"02 重大专项"，掌握了精密机械制造、表面处理特种工艺和焊接等精密加工工艺和技术，研发样品通过了北方微电子、上海微电子、拓荆科技等国内终端客户的验证。

2014 年，沈阳富创再次牵头承担国家"国家科技重大专项（02 专项）"中"基于焊接和表面涂覆技术的大型铝件制造技术开发"项目。通过持续研发投入，以及针对 22 纳米制程以下大型铝合金零部件超强耐腐蚀、特种焊接等加工工艺和技术的产业化应用，具备了一套完整的复合焊接工艺，掌握了特种涂层喷涂工艺等表面处理特种工艺核心技术，部分先进制程的半导体设备精密零部件的焊接及表面处理特种工艺技术达到主流国际客户标准。在此期间，沈阳富创成为东京电子、VAT 等国际知名企业的合格供应商，并为北方华创、中科信装备、拓荆科技等国内半导体设备企业提供精密零部件的首件研发及量产配套服务。

让 IC 装备精密零部件制造本土化

2018 年至今，沈阳富创连续进入 HITACHI High - Tech、ASMI 等多个全球半导体设备龙头厂商供应链体系。随着国内半导体设备企业的崛起，沈阳富创积极开拓国内市场，实现了对国内主流半导体设备厂商的量产配套，并成为北方华创的战略供应商。

IC 装备产业事关国民经济与国防安全，也代表一个国家现代装备制造的整体实力和国际竞争能力。与国际 IC 装备产业相比，我国的 IC 装备产业最近十年有了长足进步，2018 年半导体设备投资额为 61. 27 亿元，位居全球第二；2019 年投资额为 398. 85 亿元，2020 年更是达到 1400 亿元，跃居全球第一。但是，高端精密零部件依然严重依赖进口，亟须建立自己的集成制造平台。作为全国装备制造业基地，沈阳率先提出发展 IC 装备产业，布局 IC 装备特种精密零部件制造产业链，突破高端关键零部件核心技术，完成国产替代，打破美欧日韩对我国半导体产业的战略封锁，实现 IC 装备精密零部件的制造本土化。

沈阳富创通过多年研发和积累，具备了以金属零部件精密制造技术为核心的制造能力和研发及人才储备。通过自研和承接专项，沈阳富创实现了半导体设备部分精密零部件国产化的自主可控，攻克了零部件精密制造的特种工艺，形成了国产半导体设备的保障能力。

为满足与国际半导体龙头企业深度合作的要求，沈阳富创持续引进具有丰富行业经验的高端人才、购进国际先进的加工制造中心，坚定不移地搭建基础生产管理体系及质量管理体系。面对连续的高投入、低回报，公司一些高层都在问郑广文这样做值不值。实际上，在入股 AMT、创办富创精密之前，郑广文在沈阳、鞍山、丹东等地经营着多家企业，产业覆盖汽车服务、健康医疗。他之所以将巨额资金投入 IC 装备制造业，除了对半导体设备的生产制造情有独钟，还抱有强烈的“实业强国”情怀。

制造业的“珠穆朗玛峰”

沈阳富创的核心竞争力

沈阳富创具备多种制造工艺能力，其工艺完备性在全球行业内少有。全球半导体设备精密零部件行业集中度较低，资本投入和技术门槛较高，同行业企业往往仅具备一或两道核心工艺能力，需多家协同方能为设备厂商提供最终成品精密零部件。沈阳富创具备精密机械制造、表面处理特种工艺、焊接、组装以及检测在内的多种生产工艺和产能，工艺完备性在全球行业内少有，且相应工艺已获得国际龙头半导体设备厂商认证。其制造工艺的完备性不仅能为客户节省中间成本，还能把控产品的洁净度和一致性，更好地保证了产品质量。

同时，沈阳富创是全球行业内少有的多品类产品提供商之一。半导体设备精密零部件具有多品种、小批量、定制化的特点，由于工序烦琐、技术难度大，行业内大部分公司仅专注生产若干核心品类产品。沈阳富创可提供工艺零部件、结构零部件、模组产品、气体管路等多品类产品，相关产品广泛应用于晶圆制造环节最核心的刻蚀、薄膜沉积、光刻及涂胶显影、化学机械抛光、离子注入等前道先进制程设备。客户向公司进行多品类产品采购，可避免对单一精密零部件生产厂商分别认证，实现一对多产品质量管控，降低采购时间成本和管理成本，同时，也有利于提升客户的产品效能，减少不同精密零部件提供商产品之间的磨合。

更重要的是，沈阳富创多品种、小批量、定制化产品的离散型智能制造管理模式。其开创的集成电路领域智能制造的新模式，不但降低了对人工经验的依赖，同时利用数字化仿真、大数据分析、协同与集成等智能化手段，保证了产品质量的稳定与生产效率的提高。2021 年 12 月，沈阳富创“离散型工艺数字化设计”项目入选工信部《2021 年度智能制造优秀场景名单》。

一招鲜吃遍天

沈阳富创设立之初，国内半导体行业尚处于起步阶段，沈阳富创对行业的未来发展方向以及体系标准尚不清晰。为了快速了解行业发展，明确战略方向，沈阳富创一方面引入具有国际半导体行业经验的专家，帮助企业明确半导体行业以及半导体设备精密零部件领域的发展方向，加深对行业及相关标准的理解。另一方面，引入精密机械加工和表面处理领域的专家人才，自建精密机械加工和表面处理产能。基于对行业的基础理解，通过自主研发及工艺摸索，沈阳富创能够初步提供应用于半导体设备的结构零部件，并搭建了服务半导体设备客户的基础管理体系。

恰逢国际客户的全球供应商战略布局，及其自身降低采购成本的商业需求，国际半导体设备龙头企业在中国寻找可发展的供应商。其不仅对产品质量有严格的要求，对于产品的生产流程及质量管理体系也有较高的标准。公司明确了“傍大款、吃软饭、走绿色道路”的发展理念，积极争取同国际半导体设备龙头企业的合作机会，学习先进技术、先进流程管理体系，不断提升自身技术软实力，并确保所有生产环节绿色环保，严格执行国家标准。

“富创大工匠”和技术专家

对富创精密这样的 IC 装备制造企业而言，技术和技术创新是企业健康发展的唯一法则。从全球来看，检验一家 IC 装备制造企业是否具有战略发展远景的主要手段，就是分析其在技术创新资源的资金投入。2017 年以来，富创精密每年拨付巨额资金用于技术研发，同时，依靠沈阳地区雄厚的工业技术基础，利用企业周边众多的国家级科研院所丰富的技术贮备及人才资源，不断拓宽“产学研”合作模式，采取“前院 + 后园”的方式，与中国科学院沈阳自动化研究所、东北大学、哈尔滨工业大学、大连理工大学等单位建立了紧密联系，在焊接、表面处理特种工艺等领域展开广泛合作。2021 年 7 月，沈阳富创成功入选国家专精特新“小巨人”企业，同时，承担了一批国家、省市重大制造研究专项。在所有重大项目中，2017 年承接的“国家智能制造新模式应用”项目之“集成电路装备零部件柔性数字化车间建设——多品种、小批量智能制造新模式应用”尤为重要。该应用项目“集成电路关键设备零部件柔性数字化车间”于 2018 年建成，2019 年通过验收；柔性数字化车间通过与数字智能平台的深度融合，实现柔性化生产与工艺的整合，保证了产品质量的稳定性，提高了生产效率，缩短了产品研发周期，满足了用户的定制化需求。

除了产学研交流，富创精密还有一套独特的人才培养和选拔机制——“富创大工匠”和“富创技术专家”。设立这两项称号的目的是推动知识型、技能型、创新型高技能人才队伍的普及，作为从事高科技、高精密制造的企业，工匠精神是富创精密一以贯之的企业根基，“富创大工匠”和“富创技术专家”既是员工核心价值观的集中体现，也是打造百年基业的无形资产。与其他企业不同，“富创大工匠”全部工作在车间一线，他们的创造力和创新灵感来自多年的实践和融会贯通的经验。在董事长郑广文心里，“富创大工匠”和技术专家有着特殊意义，“工程师和大工匠可以共同制定制造标准，让制造可复制，让制造不依赖能人，让制造逐渐自动化和智能化，这是‘富创模式’，更是富创精密屹立于精密制造世界之林的必由之路”。

用友 U9 cloud 带来的巨大改变

“实施数智化转型，打造智能工厂”是沈阳富创长期以来的发展战略。实际上，当企业度过艰难的初创期，业务进入平顺轨道后，便开始布局信息化建设。富创精密自主开发了“制造业工艺数据云平台”，将制造工艺文件数字化，通过数字化存储上传至云平台服务器集群，其他制造企业可以通过云平台终端进行工艺检索获得文件。该平台的最大特点是连通了制造行业的工艺数据孤岛，使工艺数据产生流通价值，联通了上下级产业链。2021 年，工艺设计部又开发出“富创数智化智能工艺专家系统”，该系统基于三维设计和 KM 编程框架，把客户的图纸转换成三维模型，系统根据三维模型自动计算出所需工料、所用机床设备甚至使用哪些刀具等，据此设计出加工工艺和制造流程，然后直接传达给生产车间。沈阳富创副总经理宋岩松告诉我们，“富创数智化智能工艺专家系统”的最大优势在于它存储了企业所有技术专家的经验和智慧，帮助设计新手在很短时间内完成“专家级”工艺设计。

构建以 U9 cloud 为核心的数智化管理平台

随着越来越多的信息系统上线运行，沈阳富创急需一套符合制造业特性的数智管理平台，来解决各系统分散运行造成的信息孤岛严重、工作重复、效率较低等问题。经过长时间的甄别比较，最后在 SAP、Oracle、Infor、金蝶等软件供应商中选择了用友网络，决定选用用友专为制造企业开发的数智制造创新平台 U9 cloud。2019 年 1 月 2 日，双方召开项目启动会，鉴于富创精密对数字化平台的特殊要求，用友特地成立了由时任用友东北区总经理郑瀛（现任用友网络副总裁）、集团 U9 实施总监杨运良组成的"项目领导小组"；实施团队由用友东北区实施总监常璟出任技术总监，沈阳用友软件有限公司高级实施顾问常钰担任项目经理，用友集团咨询专家袁增飞担任总顾问，任胜年担任方案经理，下设财务、制造、客开和供应链 4 个顾问组，初定 13 人入厂实施，根据项目进程，不断调整实施进度、增加顾问人数，沈阳用友事业部总监王博全程参与项目实施。经过将近半年的高强度工作，用友 U9 cloud 于 2019 年 6 月 26 日上线运行。

进行项目规划时，用友团队发现富创精密需要管理的内容非常复杂，富创精密的产品主要包括半导体、显示器 、LED、光伏太阳能等设备的精密零部件，这样的产品结构决定了其生产制造存在三大难点：一是非标定制 + 标准共存；二是多品种、小批量、多批次；三是 um 级别高精密，百倍放大镜下的精加工。而且，沈阳富创接到的订单非常"凌乱"，每张订单的产品完全不一样，几乎没有同类型产品，材质不一、形状不一，大小也不一，小到不足一厘米的钢镀铝螺丝钉，大到两三米的设备基座，制造时需要不断调整产线和设备，给排产设计和计划管理带来巨大压力。尤其在经营核算环节，一张订单只有几件甚至一件产品，对成本核算的控制必须精细到元角分。为解决这些问题，用友团队决定首先构建以 U9 cloud 为核心的数智制造创新平台，将异构系统 MES、APS、PLM 和集成智能工艺软件 CAPP、PDM 全部纳入其中，进行全系集成运行，架构统一、柔性、可扩展的企业数据大平台。通过

U9 cloud 连通制造流程和生产环节，打通产线远端的信息孤岛，把阿米巴管理落实到车间班组甚至每一个工位，让富创精密真正实现智能化和精细化的双重管理。

精细化管理的效果

在沈阳富创的实际应用中，用友 U9 cloud 的智能化管理不仅体现在排产计划阶段，还包括柔性化数字车间、智能数采分析、电子看板、生产组织数字化、质量追溯全程化，以及 MES 对接设备实时监控和物流跟踪管理。在企业的运营模式上，用友的技术专家决定将富创精密原来的 MTO 和 MTS 模式转换为 PRP、MPS、MRP 拉动模式，利用 U9 cloud 强大的云上功能——采购云、制造云、供应链云、协同云、财务云、人力云等，实现 MPS 与 APS、MES 的工序联动，从而使机加、表处、焊接、组装这四大不同工艺实现统一柔性排程，重塑富创精密的精益生产管理模式，解决了沈阳富创排产计划与物料动态需求之间的科学匹配问题。在具体实施中，用友团队最终为沈阳富创建立了“八大数智平台”：数据集采分析平台、生产执行控制平台、业务运营管理平台、智能工艺设计平台、智能报价平台、物流平台、监管追溯平台和 DNC 数控加工平台，通过八大平台实现对企业财务、销售、生产、计划、物流、运营的全面集中管控。

U9 cloud 上线后，富创精密原有的各类工艺软件也得到相应提升，以“数智化零件工艺解决方案”为例，随着用友 U9 cloud 的运行，建模智选方案升级为“NX + TCM 智能工艺平台”，原来是通过客户发来的 PDF 二维图纸在 NX 优集中创建三维模型，然后传给 DMIS，由 DMIS 设定生产模型。升级为智能工艺平台后，在 NX 系统里增建 BOM 库，图纸可以直接进行三维全息结构化工艺设计，然后通过数控加工程序，自动分配给不同的制造工艺单位，再通过 U9 cloud 中建立的量具库、夹具库、刀具库、工装库、模板库和特征库、切削数据库予以匹配，把得到的结构化工艺数据传至 MES 系统，由智能车间完成柔性化制造任务。

从 U9 cloud 上线至今的效果来看，沈阳富创的生产效率得到显著提升，工作效率提高 30% 以上；原材料库存周转率提升了 52.6%，库存周转天数缩短了 30 天；月度工单完工量由 2017 年的 23% 提升到 43%，生产设备综合利用效能（OEE）提升 20.5%，为富创精密业务的高速增长提供了坚实的管理基础。

专家点评

富创精密从几十人的小公司成长为国家级专精特新“小巨人”企业，是从一颗颗螺丝、一个个垫圈做起来的。沈阳富创通过多年研发和积累，具备了以金属零部件精密制造技术为核心的制造能力和研发及人才储备，实现了半导体设备部分精密零部件国产化的自主可控，攻克了零部件精密制造的特种工艺，形成了国产半导体设备的保障能力。更重要的是，形成了集成电路领域多品种、小批量、定制化产品的离散型智能制造管理模式。不但降低了对人工经验的依赖，同时利用数字化仿真、大数据分析、协同与集成等智能化手段，保证了产品质量的稳定与生产效率的提高。2021 年 12 月，富创精密“离散型工艺数字化设计”项目入选工信部《2021 年度智能制造优秀场景名单》，成为这个特殊领域中的隐形冠军。

富创精密在数智化进程中，通过采用用友 U9 cloud 智能化系统来实现其特有的行业管理模式，完成了精准的排产计划、智能数采分析、电子看板、生产组织数字化、质量追溯全程化、MES 对接设备实时监控和物流跟踪管理，从而建成了柔性化数智车间。在企业的运营模式上，用友的技术专家决定将富创精密原来的 MTO 和 MTS 模式转换为 PRP、MPS、MRP 拉动模式，利用 U9 cloud 强大的云上功能——采购云、制造云、供应链云、协同云、财务云、人力云等，实现 MPS 与 APS、MES 的工序联动，从而使机加、表处、焊接、组装这四大不同工艺实现统一柔性排程，重塑富创精密的精益生产管理模式，解决了沈阳富创排产计划与物料动态需求之间的科学匹配问题。正是这些数字化的力量支撑了富创精密的卓越成长。

——崔晓阳 中国软件行业协会 数智化管理专家

君安新材

借数智化实现弯道超车

“江苏君安新材料科技有限公司”（以下简称“君安新材”或“君安新材料”）位于江苏省东台市南沈灶镇南工业区镇南路6号。这片区域曾是历史上著名的“西溪盐仓”煮盐场，至今君安新材厂区周边还分布着李灶、沈灶、常灶、朱灶、茅家灶、西掼灶等带有盐灶字眼儿的村庄，见证这块土地经历过的沧桑巨变。如今的南沈灶镇早已不是几百年前的偏僻之地，这里北倚三仓河，西临沈海高速，南望滨海平原，向东35公里直达海边，位于苏北平原的核心位置，是驰名长江三角洲的“果蔬椒乡”。“东台西瓜”和“沈灶青椒”是南沈灶最具代表性的两大农产品，先后被农业部颁授“国家农产品地理标志”称号，“沈灶青椒”还荣获“2020全国绿色农业十佳蔬菜地标品牌”称号。借助得天独厚的地理条件，南沈灶镇在积极建设“沿海康养果蔬保供基地”的同时，还落实“制造业28条”，大力发展工业产业，设立了“镇南工业区”和“金属材料产业园”，通过多重优惠政策招商引资，君安新材料就是从浙江宁波前来落户的企业之一。

上：江苏君安新材料科技有限公司

董事长 柯德君

下：江苏君安新材料科技有限公司

执行董事 柯衎元

以执行董事柯衎元为核心的君安新材管理团队，大多是来自全国各地的职业经理人，属于南沈灶镇的“外来人口”，他们常年住在厂区，在饮食起居上与同住一栋楼的普通工人并无两样，只有在厂务并不繁忙的周末，条件许可的情况下，才能回家与妻儿老小团聚一两天。正是有了无数位如君安高管一样脚踏实地的实干家在制造业一线埋头苦干，我们的民族制造业才能快速崛起、才能日益走向强大，才能由“制造大国”向“制造强国”迈进！

站在制造业的风口浪尖

与其他以新材料命名的企业不同，“君安新材料”中的“新材料”并不是常规意义所指的“具有优异性能的结构材料和有特殊性质的功能材料”，而是采用新型技术手段，使传统材料产生新功能，从而大幅提高原材料增加值的创新材料。从这个角度讲，君安新材若想做大做强，一直做到行业头部，首先要解决两个要件：一是必须保持源源不断的技术创新，特别是行业尖端技术的创新。也就是说，企业在成为行业龙头的同时，还要成为掌握行业核心技术、引领行业走向的研发商。二要对宏观经济保持灵动的敏感，密切监控上游企业和下游企业因宏观经济面的调整而产生的细微变化。因为在制造业范畴中，一家制造业厂商的上游企业和下游企业不仅相互依存，而且互为转化，所以，企业本身、上游企业、下游企业三者之间只有同甘共苦，才能共生互进。

进军制造业的动因

君安新材是宁波君安控股有限公司（以下简称“君安控股”）的全资子公司，君安控股位于宁波高新区，始创于 2001 年，在董事长柯德君的带领下，由一家不到 10 人的小外贸公司发展成集大宗商品运管、实业投资、股权投资和建筑服务业于一体的国际化大型综合集团，是长江三角洲地区著名的民营企业，多次入选“中国服务企业500强”“浙江省综合百强企业”。尽管当时旗下已经拥有8家分公司和全资子公司，但董事长柯德君却始终抱有一颗“实业报国”的拳拳之心，将产业链向制造业延伸是他多年的愿望，也是企业实现多元化发展的必经之路。基于这样的考量，选择落户东台市南沈灶镇工业区，兴建旗下第一家制造业企业君安新材。

新企业于2018年秋天立项，主打产品为家电外观复合材料，也就是俗称的“家电预涂板”（PCM）。君安控股首期投资1.8亿元，用于厂房、办公楼、实验室等基建工程和设备购置。经过当地主管部门的审核、批复，项目于2019年破土动工，标志着君安集团正式涉足民族制造业。为什么选择生产家电预涂板作为进军制造业的突破口？2021年12月，我们就此事采访了君安新材，董事长柯德君、执行董事柯衎元、第一副总经理赵胜等接受了采访。回忆当初的抉择，柯衎元向我们讲述了当年做出这一重大决定的理由。中国的家电行业经过30多年的快速发展，已经成为全球最大的消费和生产市场，以2015年为分水岭，消费市场对高端家电的需求大幅增长，这种高端需求不仅仅体现在内在品质，还体现在个性化外观上。以前家电面板绝大部分是粉末喷涂，这种产品一是寿命短，二是漆膜容易皱裂，三是破坏环保，所以从2012—2013年开始逐渐淘汰，代之而起的便是外观复合材料。家电预涂板属于钢板末端产业，将钢板进行预先涂装，家电生产企业可以按照产品的尺寸随意冲压折弯。相比传统的喷涂，PCM产品还有一个优势，钢板预涂的速度可达每分钟80米，是传统喷涂的225倍。

到2018年，国内PCM企业主要有四家，均为国企和上市公司。与这几家企业有所不同，君安新材进入PCM行业不是市场搅局者，也不以打败任何一个对手为目的——事实上，初来乍到的君安新材想击败其中任何一家，都是短期内不可能实现的任务。但是，越是在如此严峻的市场环境里，君安新材越是壮志凌云，管理团队把目光紧紧盯住国际市场：全球 PCM 市场年需求量为 500 万吨，身为家电大国的中国占到一半。国内四大 PCM 厂商年产量约为 250 万吨，恰好覆盖国内家电市场的全部份额，没有一家打进国际市场。国际高端市场的 250 万吨年需量，全部被韩国彩涂板企业东国、联合、浦项、世亚四家垄断。君安新材转型进入 PCM 行业的终极目的，是代表君安集团打入国际市场，与韩国 PCM 企业一较高低，打出中国制造业的威风！

君安新材奠基仪式

四个月当作一年干

为尽快建成集团第一家制造工厂，君安控股投资 1.8 亿元，用于产线设备、新厂房、实验室、办公楼和研发中心的建设。管理团队出于对未来赶超韩国这一战略目标的考量，各种制造设备全部采购自国际尖端品牌，全线采用韩国 PACO、德国西门子、美国美赛斯设备，配置上做到了领先同行至少十年。新生产线建设紧锣密鼓推进的同时，君安管理团队在常州、苏州这两个制造业人才聚集的城市招兵买马，配齐了技术研发、生产运作、财务管理、品控质检、销售采购、基建后勤、信息建设等各部门主管，一个富有朝气且具备制造业企业管理经验的团队很快入厂，并各司其职开展工作。新工厂建成后、新项目启动前，君安集团又注入 2.5 亿元流动资金，万事俱备，只等开机投产。

2020 年 9 月 1 日，君安新材正式投产运转。“高速复合线”和“多功能复合线”两条生产线并驾齐驱，前者的生产速度可达每分钟 80 米，主要生产单颜色产品，用于完成少品种、大批量订单；多功能复合线用来生产花纹类产品，加工速度略慢，每分钟 60 米，主要承担多品种、小批量产品。董事长柯德君和高管团队见证了第一批 PCM 产品从开卷上料到烘干化涂，再到初涂固化，直至下料收卷的生产全过程。当第一卷 PCM 产品打卷下线并被喷上“君安新材”厂标时，为筹建新厂忙碌经年的柯德君终于轻舒一口气。

君安新材料第一批产品下线仪式

早在产线建设期间，董事长柯德君就已经带领营销团队着手寻找准客户。长江三角洲和珠江三角洲聚集了很多白色家电工厂，其中不乏三星、伊莱克斯、松下、美的、惠而浦、西门子、格力、创维这样的头部企业，而彩涂板又是白色家电的主要配件，只要产品技术新、质量好，君安新材的新产线肯定会成功打入彩涂板市场。功夫不负有心人，看过君安新材的样品后，有多家白色家电企业表达了合作意向。君安新材的第一个大客户是中国家电行业的龙头企业之一，君安新材首批产品下线的第二天，该客户的采购团队便来到工厂考察，他们对君安新材的产品非常惊讶，多样化的花纹设计、化学转化表面预处理，特别是“三涂三烘”连续印花辊涂工艺，一点儿不像刚刚进入 PCM 领域的企业，更像一家积累多年生产和设计经验的成熟工厂。这家家电企业原本打算从君安新材采购中低端冰箱面板，考察结束后采购团队一致决定，再为旗下高端家电品牌追加订货量，最后签订了一份“每月三千吨，供货一年”的花纹冰箱面板和侧板订单，合同额为每月 2500 余万元。君安新材的大名很快经该客户之口在家电厂商圈传开，另外一家家电巨头紧随该客户而来，签下了每月 2000 吨冰洗面板订单。基于对产品的高度认可，双方又展开战略性深度合作，目前该家电巨头已成为君安新材大客户，君安新材则成为该家电巨头白色家电的全球主要供应商，还获得该企业 2020 年全球供应商“卓越品质奖”。11 月份，君安新材又与世界 500 强家电厂商伊莱克斯签订了每月 1000 吨冰箱侧板的合同，加上其他几家国内外知名家电企业的订单，君安新材两条生产线 18 万吨的产能基本开足。

对君安新材来说，2020 财年只有 9—12 月短短的 4 个月。但就是这一切从零开始的 4 个月，营收达到 2 亿元，这既是君安新材横空出世的碰头彩，也是君安集团的制造业元年。

技术创新带来的“万有引力”

随着家电市场的竞争白热化，最近几年，如冰箱、空调、洗衣机、微波炉、电饭煲等家电产品的个性化外观也成为竞争焦点，基于产业链上游的需求，时尚化、个性化、雅致化越来越多地被引入 PCM 产业。家电产品的快速迭代，要求 PCM 产业也必须随之甚至提前实施技术创新，就如同家电行业本身一样，不创新或者转型慢，很快就会被市场无情淘汰。以惠而浦为例，这家曾经在中国市场叱咤风云的“美国百年家电品牌”，最近几年因为创新不足，缺乏核心技术而渐渐没落。在中国家电行业整体向智能化、高端化升级时，惠而浦（中国）仍旧沉迷在自己的品牌效应里，最终被格兰仕收购。所以，君安新材的高管们没有被 2020 年的业绩“开门红”迷醉，反而增加了几分忧患意识，为了适应日益变化的市场，他们在坚持做好高品质常规产品的同时，推出“产品定制化”的策略，深受客户特别是跨国家电企业的青睐。

实现“产品定制化”的前提是拥有优秀的技术创新优势，君安新材凭借经验丰富的研发团队和超越同行的市场观察力，紧贴市场脉动，实施“技术预先创新”机制，成为行业高端客户如东芝、LG、三星、伊莱克斯等企业的供货商。董事长柯德君认为，保持技术优势是进入高端 PCM 领域的唯一通道，君安新材作为行业“新兵”，没有任何捷径可走。所谓“技术预先创新”，是先于家电生产企业对需求市场的未来走向，进行深入细致的调研，然后根据大数据对未来需求予以预判，得出下一代家电面板应有的模样，比如材质、款式、环保程度等具体内容。同时，国内、日韩以及欧美的高端家电厂商也想在产品外观上有所突破，来吸引高级消费者，从而占据市场主动。君安新材“技术预先创新”恰好符合他们的这种需求，换句话说，家电厂商需要的东西，君安新材已经给他们准备妥当，这就是君安新材实现“后来者居上”的一个主要原因。毫不夸张地说，在家电面板 PCM 的个性化定制领域，紧跟市场变化的君安新材已经走到行业排头，在产品前瞻和技术开发的反应速度上同样排名行业第一。

总经理朴鲜日陪同市领导参观考察君安新材

“行业新兵”谱写的产业传奇

君安新材以厂机装备先进性、市场定位高起点、软件配套智能化为出发点，致力于个性化高端家电面板的研发与制造，一步一个脚印向行业头部迈进，取得了令人惊叹的成就。继 2020 年 4 个月实现营收 2 亿元之后，2021 年冒着疫情干扰，全厂上下齐心协力，创下营收 8 亿元的奇迹，成为君安控股集团一个新的业绩增长点。在董事长柯德君的带领下，企业成就卓然，有目共睹：君安新材获评“2020 年江苏省四星级上云企业”，彩涂智能车间被江苏省工信厅、财政厅认定为“2021 年江苏省智能制造示范车间”，彩涂钢板生产线“绿色化改造项目”获评 2021 年江苏省工业和信息产业转型升级专项项目。

源源不断推新品

2021 年，“行业新兵”君安新材加大研发力度，投入巨额资金进行技术研发，多项研发课题取得重大突破。已经研发出包括 PCM 彩涂板、VCM 覆膜板、PM 印花板、TPM 3D 质感印花板、JCM 彩印板、HPM 镀锌机械拉丝板、HPPM 镀锌机械拉丝印花板、GPM 镀锌印花拉丝板、SPM 肤感印花板、UV 板 10 个系列的个性化家电彩涂板产品。从某种意义上说，这一年的君安新材已经具备了与以韩国企业为代表的国际高端PCM制造商一较高低的技术能力。就目前的技术层面而言，TPM质感产品和SPM肤感产品已经达到行业天花板：TPM产品摸上去之所以会有“质感”，是因为生产过程使用了独特的“打底”技术，赋予材料全新的外观，使之在色彩、肌理、质地等方面焕然一新，产生新的工艺效果。这种技术的奇妙之处在于触感会根据不同的彩涂质地而变化，比如预涂的织物涂层，手摸上去是衣物的柔滑感，如果预涂了木纹涂层，摸上去会感觉到木纹肌理。同样的道理，SPM肤感产品使用君安新材研发的纤维柔软工艺，彩涂表面柔韧丝滑，给人触摸肌肤般的享受。这两种产品的另一大特点是具有“自清洁”功能，目前的家电面板无论是塑料喷涂还是钢板彩涂，一旦被油性记号笔涂写，几乎无法擦掉。TPM和SPM的面板则完全不同，无论多么复杂的涂鸦和标识，用湿布甚至干纸巾轻轻揩擦就会消失得无影无踪。

UV板的研发颇富戏剧性。UV板是表面经过UV漆处理过的板材，通常使用刨花板、密度板做底材，在上面喷涂UV漆，经过UV光固化机加工后，原有木基板呈现高光、耐磨、抗潮、不变形、寿命长等特点，是比较受市场欢迎的装饰板材。君安新材成立之初就立项，决意研发一种既可用于家电面板又能用于内外装饰的UV钢板来填补市场空白。要研发UV钢板需要解决两大难题，一是金属基材，目前市场上可做UV板的基材有木基刨花板、密度板和玻璃纤维板、水泥板，尚无人使用金属基材；二是适用于钢板基材的UV漆，UV漆即紫外光固化漆，也称“光敏涂料”，是目前为止固化时间最快的涂漆。由于企业成立不久，研发团队承担着大量常规技术创新任务，加之技术储备有限，高精尖人才不足，在攻破金属基材后，UV漆却久攻不下。君安新材也联系过新材料研究机构和几所高校，甚至在网上发过“英雄帖”，都未能如愿，最终还是自己的技术团队在2021年11月取得突破。

打开外销通道

近年来，随着国内制造业能力的长足进步，我国已成为全球白色家电产业最大的生产基地，国外一些家电巨头如三星、LG、伊莱克斯、松下、西门子等，除了在中国建有合资工厂，还在很多第三世界国家越南、泰国、墨西哥、印度、巴基斯坦、埃及等地设有大型家电生产工厂。据不完全统计，全球家电彩色金属板使用量每年约为250万吨，其中的绝大部分份额由韩国PCM企业掌控，我国的PCM产品由于起步较晚，在技术积累和创新方面处于落后地位，加上国内需求量庞大，已有的几家PCM企业不愿意多花资金和精力去开拓国际市场，导致国际高端PCM市场形成韩国一家独大的局面。君安新材的企业初衷就是进军国际市场，与韩国企业一较高低，2020年投产后，稳步开辟国内市场的同时，逐步开展国外销售，产品已成功销往泰国、埃及、韩国、土耳其等国家。

外销有两场攻坚战，一是进入泰国市场。泰国PCM市场非常复杂，既有三星、LG、伊莱克斯、BEKO、夏普、松下等家电企业的自有工厂，也有中国家电企业海尔、美的、海信等全资自建或者合资并购的子公司。君安新材从中资企业入手，董事长柯德君亲赴泰国，与外销团队一起带着样品做产品介绍，又邀请中资企业的采购部门来君安新材考察，产品质量会说话，PCM、VCM、PPM产品终于获得对方认可，成功替代了韩国产品。有了中国家电企业的背书，君安新材产品“价优质高”的消息在泰国不胫而走。BEKO在泰国率先与君安新材签下第一单后，其他国际厂商陆续来到南沈灶镇验厂，国际巨头的验厂程序巨细靡遗，从技术研发、原料采购到工艺设计、生产流程，再到职工劳保、绿色环保，甚至每名在职员工的年龄都一一审核。君安新材环环过关，产品顺利打进泰国市场。

二是攻入韩国市场。将产品卖到 PCM 的老家去，过程本身就像中国车企“开沃汽车”将汽车卖到德国一样富有传奇色彩。实际上，君安新材之所以进入韩国，与占领泰国市场密不可分。三星、LG 的泰国工厂早已大批使用君安新材的 PCM、VCM、PPM 产品，他们通过市场反馈得出结论，中国产品不仅“价优质高”，而且款式新颖，富有创新活力。起初出于降低成本的考虑在低端家电上使用君安产品，后来感受到“君安制造”的魅力，全线采购君安 PCM。

总经理朴鲜日同市领导探讨企业发展与产品创新

向装饰面板领域延伸

为了彻底摆脱产品单一化给企业造成的被动局面，君安新材决定进行产业延伸，在 PCM 基础上扩建一条“装饰面板生产线”，利用自己生产的 PCM、PPM 产品向建筑内外装饰领域发展。立项之前，君安新材的管理团队对项目进行了详细论证，主要理由有四点：一、安全性。相比大理石、瓷砖、混凝土以及其他建筑材料，以金属板为代表的金属装饰板（还包括不锈钢、铝合金、钛合金等材质）具有抗震、防腐蚀、耐高温、阻燃爆、寿命长等特点，安全性远远高于其他装饰材料。特别是在耐冲击方面，金属装饰板硬度达到 3H 以上，远远高于普通氟碳漆外饰板。二、再生性。金属装饰板如果达到设计和使用年限，或者出于其他考虑进行更换，可以回收再利用，属于再生资源。三、环保性。金属装饰板的加工温度高达 300 多摄氏度，成品甲醛含量为零，绿色环保；同时具有防灰尘、不挂污、耐盐雾、自洁净功能，是公共场所如机场、车站、场馆以及住宅内外装饰的理想装饰建材。四、预装性。金属装饰板可以按照客户需求定制、现场拼装，业内称之为“装配式预制装饰板”，既能缩短工期也能大幅节省人工，符合国家绿色建材“定制生产，快速拼装”的产业政策。

这次产业延伸，君安新材没有向集团申请资金，而是把企业上年度的盈利投进来“二次创业”。新产线分两期实施，一期投资 3 千万元，二期再投入 6 千万元。为加快新项目进程，企业专门成立了“装饰板事业部”，由第一副总赵胜出任事业部总经理。“智能复合线”工程于 2021 年 11 月动工，由于论证翔实、准备充分，基建部分进展迅速，提前一个月完成进度，目前已进入设备安装阶段，预计 2022 年元月中下旬即可投产，可年产金属装饰板 60 万平方米。事实上，在“智能复合线”立项论证期间，和 PCM 提前试水一样，君安新材利用“高速复合线”和“多功能复合线”的生产间隙，制备出几批未经后序加工的金属装饰板，拿到市场去试探反应。虽然是半成品，但工艺、样式、质地等各方面均属上乘，受欢迎程度丝毫不逊于其他厂家的成型产品。更令君安人振奋的是，拿出去展示的几个批次的外墙装饰板半成品，竟接到了五六张订单，足见金属装饰板市场前景之广阔！

数智化建设与产业转型同步进行

俗话说“工欲善其事，必先利其器”，这句老话用在君安新材搭建数智化平台上非常恰当。君安新材的管理层具有将企业打造成现代高端制造业的战略眼光和超前魄力，在2019年产线上马之初，就决定数智化建设同步进行，以求数智化平台与产线设备达到最佳耦合。经过对国内外软件供应商的考察，君安新材决定携手用友，借助面向中大型制造企业的用友U9 cloud系统，实现“智能工厂 & 上云企业”的目标。2019年9月25日，君安新材与用友网络举行签约仪式，用友高度重视君安新材的数字化需求，集团副总裁兼苏皖区总经理齐晋、U9 cloud事业部总监王磊、销售经理潘琪出席了签约仪式。国庆节刚过，以王小会为项目经理的7人团队进驻企业，U9 cloud进入实施环节。

用友U9 cloud赋能数智化建设

用友U9 cloud的“柔性融合”功能对君安新材非常适用。“柔性融合”是用友U9 cloud区别于其他同类软件的一个超能点，它能够自动对企业生产链条进行柔性融合，从源头上将沿途的各个模块关联起来，比如生产环节的系列模块，研发BOM、销售订单、物料清单、仓储物流、原料采购，这些模块既独立又联合，在平台上处于分工合作的状态，避免了企业内部出现信息孤岛或者链条内信息不对称。在用友U9 cloud系统中，生产链条从头到尾、从尾到头，顺向、逆向都非常顺畅，非常符合成长型制造业企业的数字化平台要求。特别是对君安新材采用的“材料倒冲”流程而言，仅需要通过 MRP 生成材料出库单，然后利用 U9 cloud 的链条逆向法则，直接进到材料库的库存 BOM 修改实际领料数据，保证了库存原料的准确性、实时性，省却了手工分摊、逐道回溯核算的繁复程序。

根据企业“智能工厂、业财一体化、信息集分平台、成本细化核算”四项需求，用友实施团队在 U9 cloud 架构上搭建了 MRP、MES 和 IoT，对企业的总账、应收、应付、资产、销售、采购、库存、委外、生产、计划、成本等环节实施全链管控，把企业划分为四个层级：第一，运营管理层，负责销售、采购、工程、财务、成本、库存、计划、生产这“八大板块”的运行和落实。第二，执行控制层，即智能工厂，实现基础数据、工艺路线、车间作业、生产调度、运行监控、品质管控、厂内物流等环节全面智能化。第三，标识与采集层，在 MES 架构上开发出 12 个基于 5G 网络的移动 App，烘烤、彩涂、剪切、压花、打卷等环节的当班操作工，可以通过工业平板和其他手持终端对设备进行移动操作，既降低了人工劳动强度也减少了岗位出错率，还实现了每道程序的质量追溯。第四，生产现场层，通过车间的设备传感器、工业仪表、摄像设备、CNC/DNC 等数控系统，落实产线岗位责任制。

用友 U9 cloud 为企业修建起连接产品设计与生产制造之间的数字化大桥，U9 cloud 与 PDM/CAPP 无缝集接，彻底消除了设计与制造之间、研发与车间之间的信息隔阂，帮助君安新材实现了多地点、跨组织的供应链协同，同时实现了排工计划协同、生产全程管控、财务成本精细化管理，企业的运营和管控能力得到大幅度提升。传统的 PCM 生产工艺，完成 1 个 10 吨重的钢卷从彩涂到剪切完整的生产耗时 6.5 小时，用友 U9 cloud 排出的新工艺，将彩涂与压花合并为 0.5 小时，联合剪（两卷并行齐切）0.5 小时每包 ×2，成品下线耗时 2.5 小时，大幅提高了生产效率。

用友 U9 cloud 签约仪式

MES 系统开启智能工厂

君安新材的智能工厂主要涵盖工厂动态（计划执行、质检、物流三大块）、生产监控、设备监控、品质监控等几部分内容，MES 双层运行：一层生产管控，主要有订单、调拨、上线、首检、末检、报工、撤线、领用、检验、入库；二层质量管控，主要有来料检、首检、末检、入库检、出库检、巡检等。通过工业平板电脑，在 MES 边缘端增加 BOM 载体，采集设备信息，收集产线物料，统计报工工单，这些信息通过 PC 计算汇总之后，把数据上传到 U9 cloud 的云端服务器，即使足不出户，企业管理层也能通过看板远程了解车间情况。MES 车间的主要设备有 PAD、PDA、扫码枪、标签打印机、工控机和工业看板，品质检验 PAD 用于标准收货、到货验收、车间首末检、入库检；仓库收发货 PDA 用于入库打签、标准出库、调货申请、辅材领用；工控机用于卷材上线、卷材撤线、卷材报工；标签打印机用于收验货标签打印、车间成品标签打印、仓库原材辅材补标签；扫码枪用于车间扫码上线、仓库辅材领用；工业看板用来实时显示车间的生产和品质状态。

用友 U9 cloud 上线仪式

条码是君安新材工厂的另一个智能点，辅材、主材、来料、报工全面采用条码标签，而且实行“双条码制”进行全程管控。一级条码从采购下单开始产生，原料到货、进行质检、进入仓库、车间领料、生产过程、产品下线、进入成品库、库存转储、盘点出库、发运物流、客户收货全程相随。二级条码主要用于企业内部生产环节，单品流转、装配复合、批次流转、派工报工和车间转运。智能工厂的开启，为君安新材的生产开辟了一个全新空间，主要体现在：一、生产流程详细化，卷材上线、首末检验、卷材报工、入库检验各个环节步步可查。二、收货流程便捷化，到货、检验、入库、使用、扫码环环相扣。三、发货检验一体化，调拨申请、出货计划、扫码衔接一步完成。四、配送领用智能化，根据生产订单备料情况，扫码调拨到位线边库，产线直接扫码领用，一键生成领料单，不用再派专人领料配送到车间。

实实在在的收获

借助用友 IoT 物联平台，君安新材实现了生产现场实时和历史数据的采集、导出，对前道工序（开卷机、前活套、张紧机、前处理、化涂烘箱等）、中间工序（底涂、背涂、面涂涂机、烘箱等）、后道工序（涨紧机、在线压花机、后活套、收卷机）以及环保设备（RTO 炉）等主要生产设备进行联网监控；同时还对能源消耗进行监控和运算，高速产线和多功能产线的用水、用电、天然气消耗都在物联管控范畴。比如对用电的管控，IoT 系统根据企业 24 小时的用电曲线，对变压器功率参数和供电峰谷波动进行综合研究，根据工业电费和用电峰谷制订了最佳节电方案，使耗电比例下降了 8%，每个月可以节省电费 6 万余元。账不可常算，自 2020 年 7 月上线以来，仅用电一项就为企业节省了 130 万余元。其他在产量提升和品质改进方面，IoT 智能互联平台起到了实质性的提升作用。

用友 U9 cloud 系统的强大功能还有很多，作为成长型制造业企业，君安新材对智能生产线与 ERP 同时上线的便利，以及用友 U9 cloud 平台的智创能力深有感触。君安新材 CIO 孙继举例说明，以 MPS 运算排计划为例，工厂的原料是钢卷，成品钢卷的最低宽度是 1 米、最大宽度为 1.6 米，而客户要求的冰箱面板宽度只有 70 厘米，即使使用最小的一米钢卷，也要裁掉 30 厘米，这裁下来的 30 厘米没有任何价值，只能当边角料卖给金属回收公司，残值低得可怜，对产品成本造成很大影响，拉低了市场竞争力。用友U9 cloud的“智能选料配分”功能，能够根据多品种的产品尺寸规格，进行数学和逻辑运算，向采购人员提供以最少边角料浪费并提高原料使用率的配分方案，这一做法不仅仅在公司原材料方面节省了成本，更加有效地利用了流动资金，同时针对君安新材料生产线的属性，更是实现了生产效率提升一倍的巨大改进。

君安新材取得上述成就，离不开当地政府的关心鼓励和政策扶持。东台市政府出台“科创18条”“先进制造业28条”为企业落户保驾护航，在优惠政策的加持下，君安新材才能以“东台速度”在南沈灶镇“南工业区”建成投产。市领导始终心系企业，市委书记杨雪峰、统战部部长孙燕春先后来到企业查看经营情况，南沈灶镇党委书记丁进东等领导经常深入企业，为君安新材解决了很多现实问题。

专家点评

君安新材以厂机装备先进性、市场定位高起点、软件配套智能化为出发点，致力于个性化高端家电面板的研发与制造，一步一个脚印向行业头部迈进，取得了令人惊叹的成就。继2020年4个月实现营收2亿元之后，2021年冒着疫情干扰，全厂上下齐心协力，创下营收8亿元的奇迹。君安新材获评“2020年江苏省四星级上云企业”，彩涂智能车间被江苏省工信厅、财政厅认定为“2021年江苏省智能制造示范车间”，彩涂钢板生产线“绿色化改造项目”获评2021年江苏省工业和信息产业转型升级专项项目。更难能可贵的是产品进入国际市场，直接攻入垄断全球高端PCM市场的韩国，彰显了中国制造在又一个细分领域中的冠军姿态。

君安新材的管理层具有将企业打造成现代高端制造业的战略眼

光和超前魄力，在2019年新产线上马之初，就决定数智化建设同步进行，以求数智化平台与产线设备达到最佳耦合。用友U9 cloud成为君安新材的不二选择，通过实施为企业修建起连接产品设计与生产制造之间的数智化大桥，U9 cloud与PDM/CAPP无缝集接，彻底消除了设计与制造之间、研发与车间之间的信息隔阂，帮助君安新材实现了多地点、跨组织的供应链协同，同时实现了排工计划协同、生产全程管控、财务成本精细化管理，建成了基于条码标签全面应用的智能车间。企业的运营和管控能力得到大幅度提升。传统的PCM生产工艺，完成1个10吨重的钢卷从彩涂到剪切完整的生产耗时6.5小时，用友U9 cloud排出的新工艺，将彩涂与压花合并为0.5小时，联合剪（两卷并行齐切）0.5小时每包×2，成品下线耗时2.5小时，大幅提高了生产效率，充分显示了数智化的力量。

——崔晓阳 中国软件行业协会 数智化管理专家

阿华医疗

千锤百炼锻造行业“隐形冠军”

来东阿采访之前，只知道东阿是山东著名的历史文化名胜区、举世闻名的“阿胶之乡”。抵达东阿阿华医疗科技有限公司（以下简称“阿华医疗”）后，方知这片遍布历史文化遗存的土地上，还有一家与改革开放一起出发、靠脚踏实地埋头苦干发展起来的企业。在全国第三大经济强省的山东，市值10亿元以上的企业超过270家，营收超5亿元的企业约有300家，相比之下，营收2亿多元的阿华医疗显然入不了“重量级企业名单”。确实，无论从固定资产、年营收额或者每年盈利来看，阿华医疗的产业体量都不算大，但就是这样一个成长型企业，30多年如一日，心无旁骛地研发、生产体温计，玻璃体温计年产量高达4000万支，覆盖全国行业市场份额的1/3。

东阿阿华医疗科技有限公司
常务副总经理 刘芳

小小一支体温计，关乎人类大健康。阿华医疗做大做强的经历几乎贯穿了改革开放的全过程，是中国民族制造业企业的成长缩影。经过 30 多年的发展，阿华医疗已经成为业内一面旗帜：2010 年被认定为山东省企业技术中心、聊城市医用诊断仪器工程技术研究中心；2013 年被中国医疗器械行业协会确认为“体温测量专业委员会理事长单位”；2014 年被认定为“山东省博士后创新实践基地”；2017 年获评国家级高新技术企业；2018 年参与起草了《JJG 111－2019 玻璃体温计》国家检定规程；2019 年参与起草国家《JJF 1783－2019 玻璃体温计型式评价大纲》；2020 年被省发展改革委标定为“山东省体温测量研究与应用工程实验室”，同年 11 月入选全球环境基金（GEF）“中国含汞体温计生产淘汰及无汞产品应用替代示范项目”；2021 年被认定为山东省瞪羚企业、山东省专精特新中小企业、山东省数字化车间，入选“山东省服务型制造示范名单”和“山东省工业大数据平台示范项目名单”。

改革、改制与改变

在企业大部分员工心目中，阿华医疗的厂史始自1997年，百度百科载录的成立日期则为2000年。这两个日期都对，又都不全对——1997年是企业发生重大改制的年份，2000年4月是企业改制后的注册日期。实际上，阿华医疗的企业史可以追溯到1987年，那年4月8日，“东阿县医疗仪器厂”在城东聊滑路成立。医疗仪器厂属于城镇集体所有制企业，注册资金25万元，员工21名，生产口腔体温计和杀菌灯两种产品。最初几年，医疗仪器厂的经营还算正常，年产值能达到100多万元，勉强可以解决工资和社保。随着改革开放的深入推进，医疗仪器厂没有跟上市场经济新体制的节奏，加之经营不善，生产规模逐年下滑，到1997年已经发不出工资、购不起原料甚至交不起水电费，企业歇工停产，沦落到破产边缘。从1997年春天拍摄的老照片可以清晰地看到，建厂10年，医疗仪器厂还只有一排简陋的裸砖厂房，没有硬化路面，没有像样的生产设备，连围墙也没有，厂牌插在三角铁焊起的架子上，旁边一堆碎砖头，非常寒酸。

企业老照片（1997 年）

艰难的开局

1997 年 7 月，出于成长的需要，国企“东阿阿胶集团”（以下简称“阿胶集团”）对东阿县城几家集体所有制企业实施全资并购，医疗仪器厂是其中之一。注资的同时，阿胶集团派来全新的管理团队，企业也被更名为“阿胶集团阿华医疗仪器厂”。重组之后的医疗仪器厂也不太平，人事和股权屡屡变更，直到 2000 年王卫健担任企业总经理，企业才走上现代化经营的正轨。并入阿胶集团之初，阿华医疗急于寻找突破点，一度执迷于产品转型，生产基础外科手术器械、普通诊察器械、急救设备及器具、临床检验分析仪器等，也曾经购置过部分机械设备投入生产，但都因为技术储备不足和缺乏市场基础无功而返。王卫健是阿胶集团最早派到阿华医疗的三名高管之一，管理经验丰富，深谙医疗器械市场的发展趋势。他掌舵阿华医疗后，做出两大重要决策：一是振兴老医疗仪器厂留下的宝贵资产“东岳牌”玻璃体温计；二是着手研发含汞体温计的替代产品。

阿华医疗的前身“东阿县医疗仪器厂”虽因经营不善被并购，但注册商标“东岳”还在，而且在山东省内及周边地区积累了一定的品牌名气。所以，当阿华医疗做出“品牌振兴”决策时，得到职工和市场的双重呼应。但是，老“东岳”的产品是口腔体温计，在当时的中国北方，大多数人不大接受口腔测温，这也是医疗仪器厂始终打不开医疗器械市场的一个主要原因。虽然与常用的腋下体温计统称玻璃体温计，但在外观和工艺上都有差别。口温计身圆头细，体温测量正常值在36.2℃～37.2℃；腋温表身扁头细，体温测量正常值在36℃～37℃，如要改产腋温表，必须更换设备。可对当时背负1200万元债务的医疗仪器厂来说，根本拿不出这笔资金。无奈之下，王卫健只得带领技术人员对原有生产线进行改造。小小温度计看起来简单，由灌注水银的感温泡、玻璃毛细管和刻度标尺三部分组成，其实整个工艺包含99道流程。经过检查测试，老设备的99道工序里竟然有30道不合格，质量管控环节更是形同虚设，按照行业规定，体温计在生产过程中，拉颈、缩喉、封泡、封头、渗印等工序必须经过严格的品质把关，但老产线只对成品做一次性质检，产品合格率只有可怜的19%。

总经理王卫健没有被困难吓倒，他带领技术团队对工序逐项逆推，对99道中的27道关键节点进行改造，最终根据口腔表调整了标尺板刻度，重新匹配了感温泡容量，还顺带获得一项“玻璃体温计缩喉抽真空”专利。

一场漂亮的翻身仗

需要振兴的不只是产品，还有管理体制。经过对企业存在问题的深入解剖，时任总经理王卫健决定对传统的“均工均酬”大锅饭工资进行彻底改革：取消基本工资制，实行“岗位绩效考核制”，也就是俗称的“计件工资”。岗位绩效最能体现“多劳多得，多能多得”的现代企业薪酬原则，它并不是简单地按照产品件数计算员工收益，而是通过岗位绩效指标（KPI）核算得来。包含工作业绩（计时件数）、工作能力（时熟练度）和工作态度（敬业精神）三项内容，每项薪酬占比分别为70%、20%和10%。实施计件工资的首月，职工工资就出现了很大差距，不仅不同车间、不同岗位、不同班组的工资数额不同，就连同车间、同岗位甚至同班组的人，工资也相差很多——最高有人开到五六百元，少的只有300元出头。绩效工资的最大好处是最大限度地激发员工主观积极性，让踏实肯干的职工体会到自己的价值，从而带动全体员工爱岗敬业、争优创先的工作热情。绩效工资的优势还体现在产品质量的把控上，新制度实行第一个月份，产品合格率从原来的19%略提为33%，此后稳中有升，六个月达到99%。从2000年9月开始，再也没有出现因产品质量而被代理商退货索赔的情况。

为了选拔和吸引基层人才和技术能手，又在两个关键部门采购部和销售部实行“竞争性薪酬”，前者侧重为企业节省支出，后者侧重为企业开辟市场。除了开发玻璃体温计、改革薪酬制度，阿华医疗还成立了卫材分厂，生产医用压敏胶带及橡胶贴膏。当年的卫材分厂规模不大，年产值也只有100多万元，实在算不上业绩显赫，却为阿华医疗后续的扩张培育了一批骨干人才。这一套组合拳打出来，效果立竿见影，员工能力得到充分调动，生产积极性日益高涨，公司业绩触底反弹，王卫健出任总经理的第一年，企业就扭亏为盈，不但偿清了陈年旧债，还小有盈余30万元。2001年营收833万元；2002年销售温度计1000万支，产值突破1100万元。阿华医疗仅用三年就打了一个漂亮的翻身仗，令整个东阿县刮目相看，成为阿胶集团旗下的“明星企业”。

2003年“非典”暴发，出于抗击“非典”的需要，全国对体温计的需求急剧增多，订单如雪片般飞来。阿华医疗体温计车间开足马力，满负荷运转，实现了产销两旺，年销温度计 1500 万余支，业绩较上年度增长了 40%。作为北京抗击“非典”的重要医疗物资，玻璃体温计、杀菌灯被首都博物馆永久收藏。“非典”结束后，企业继续加大品控力度，为了印证产品的高品质，王卫健指示销售部邀请全国各地的分销商、代理商和主要客户来厂，参观体温计和其他卫材的生产过程，并且向客户立下承诺书，以后任何一个阶段、任何一处地方，“东岳牌”体温计出现质量问题，阿华医疗一律“坏一赔五”。

体温计生产线

跨过营收亿元的门槛

为了适应新的经济模式，按照政府要求，阿华医疗于 2005 年启动企业确权与改制，改制是企业经济机制的转变，而之前的改革则是分配方式的改变，二者有着本质区别。经过清产核资、资产评估，将原来“单一资产结构”的集体所有制企业改组为多种形式参股的有限公司。在“国退民进”的过程中，作为现代企业的管理者，中高层管理人员通过现金入股的方式获得一定比例的股权；阿胶集团则由全资方退为占股60%的控股股东，其余股份按照注资额度的多少，由其他参股方获得。经过两次重大变革，阿华医疗较之以前更具活力，2006年玻璃体温计产量突破1844万支，跃居全国第一。2007年，继续推进和深化“双改”，同时在技术创新上也取得了重大突破，玻璃体温计“无汞缩喉工艺”实验成功，并获得国家专利。

也是这一年，现任常务副总经理刘芳加入阿华医疗高管团队，她先后担任市场总监、生产总监，在业务部门工作了将近10年，直到2016年升任副总经理。在采访阿华医疗的过程中，刘芳与我们接触最多，虽然不是创业元老，但对企业的历史、转型、技术创新以及信息化建设各方面都了如指掌。在谈及2009年抗击“甲型H1N1”流感疫情时，她动情地说：“疫情初期，社会对体温计、口罩的需求呈爆发式增长，企业接到大批订单，受生产线的限制，无法扩大产能，只能靠一线职工加班赶工，很多员工要连续工作一天一夜才能换下来休息几个小时。连轴转的不仅是车间，质检、库房、车队同样不知疲倦地忙碌，因为企业向社会做过公开承诺，越是临逢重大疫情，作为医疗器械厂商，阿华医疗越要尽到自己的社会责任和防疫担当。当时社会上有个别医疗企业趁疫情暴发偷偷涨价，大赚昧心钱，阿华医疗不仅没有涨价，还向流感比较严重的四川绵阳地区捐赠了体温计、口罩、膏药等医疗用品，价值60万余元。”

2010年，阿华医疗乔迁新厂，新园区位于东阿县科技工业园内的香江路，占地50.9亩，总投资900万元，办公楼、研发中心、膏药车

刘芳在体温计车间

间、电子产品车间和成品库房分布其间。企业乔迁给职工带来极大的鼓舞，自 1987 年建厂以来，厂区长期破烂不堪，企业改制后，效益逐年增加，但厂区依然没有得到彻底改变，办公区和膏药车间一度租赁民房。两相比照，在科技工业园拔地而起的新厂区自然令职工充满自豪感。刘芳对新厂区另有一种骄傲，她自豪地告诉我们，建设新厂区这么一笔巨大的投资，阿华医疗没有向银行或者其他金融机构借贷一分钱，所有投资全部来自企业“双改”后的盈利。迁址两年后，阿华医疗 2012 年度营收超过亿元，标志着企业步入一个新时代。

技术创新造就行业“隐形冠军”

科技创新是企业特别是制造业发展的不竭动力和崛起关键。阿华医疗也不例外，多年来秉承“精益智造，安享健康”的发展理念，一直坚持在新品研发上保持高投入，才有了源源不断的新产品问世；因为源源不断地推出新产品，才能保持并持续提高市场占有率。实际上，自2000年以来，企业就将产品研发及技术提升放在首位，大力开发新产品，已经拥有发明专利6项、实用新型专利42项、外观设计专利7项、软件著作权10项、版权登记9项。目前已经形成以医疗器械和药品为主的两大类一百多种规格的产品，开发出电子体温计、电子血压计、电子血糖仪等电子类产品。最近几年，在智能化可穿戴健康设备领域取得较大突破，研制出一系列可通过手机App实时监测体温变化的可穿戴无线体温监测仪、无线蓝牙女性基础体温计、婴幼儿蓝牙奶嘴体温计等智能化产品。

科技感十足的电子产品

成为玻璃体温计龙头老大后，企业决策者并没有躺在“销量第一”的荣誉上沾沾自喜，反而对市场产生了敬畏之心。他们认为，玻璃体温计的销量再高，终究是传统医疗器械，还要正视眼下的产业大环境，毕竟已经进入电子时代，各行各业都在研发电子产品，阿华医疗在加速玻璃体温计产品更新换代的同时，也必须在电子医疗产品的研发上占得先机。研发部门迅速响应，经过年复一年的坚持和投入，陆续研发成功一批既符合市场期待又具有技术前瞻性的产品。研发部门之所以具备如此快速的反应能力和深厚的技术优势，是企业长期重视尖端人才和技术储备的结果，仅以研发部门人员的占比看，在企业600多名员工中，研发人员近100名。对研发的投入也非常大方，每年拨付的研发经费占到年度营收的5%以上。

新一代电子产品主要有：①婴幼儿无线蓝牙奶嘴体温计。主要材质为食品级硅胶，宝宝使用非常安全。外观为安慰式奶嘴，外置一块1厘米×2厘米的电子屏，通过宝宝的唇、舌测得体温，温度显示一目了然，也可下载App通过连接蓝牙对宝宝体温进行连续观测。②医用体温贴。主要适用于婴幼儿群体，外观为可爱的雪糕状，避免引起婴幼儿对常规体温计的恐惧，“雪糕棒”腋下测温。它具有实时监测体温变化的功能、高低温智能报警功能，可以实现蓝牙连接状态下的远程监护。③无线蓝牙女性基础体温计。专门针对女性健康开发的一款智能体温监测产品，内置微芯片，可对测得的体温数据进行存储，数据传送至手机App进行分析，从而准确预报排卵期。④十秒快测体温计。这里的“十秒”主要针对传统玻璃体温计5~7分钟的测温时间而言，一般婴幼儿都比较好动，很难让他们像大人那样稳定几分钟。这款体温计外壳采用塑料和橡胶，量体温时孩子不会感觉到玻璃的冰凉，接受度更高。还配置了柔性探头，360°随意转动。⑤多参数家庭医用检测仪。产品配有口腔、腋下双探头，内置机敏传感器，正常体温测量之外，还能监测血压、心率、血氧的变化，自动监测心电图谱，还能对血糖和尿酸进行实时检测。特别适合社区卫生服务站、慢病管理中心、居家老人使用，是一机式“私人健康贴心管理终端”。该产品的另一大特点是便于携带，即使老年人出去旅行，乘坐各种交通工具，都能随时随地对身体健康指数进行测量及监护。

电子医疗产品开发出来后，研发部又对个别产品实施二次细化处理，让产品更个性化。比如在“电子额温枪”的基础上升级一款“电子耳温枪”，最大优点是一秒测温，采用高性能放大器，温度检测分辨率0.1℃，较之额温枪更加精准。再如“高算法语音电子血压计”，为销往粤、港、澳市场和西北市场的产品做了语音播报模块升级，由普通话单语播报改为粤语/维语、普通话双语播报。

电子体温计技术鉴定会

“镓铟锡体温计”独步天下

众所周知，玻璃体水银温度计是目前稳定性高、示值准确、使用便捷、可测范围广的测温工具，自 1659 年被法国天文学家布里奥（I. Boulliau）制造出来，至今已有363 年历史，依然是温度测量特别是人类体温测量的首选。但是水银温度计的内充物质是汞，是一种剧毒元素，它在常温下即可挥发，形成的汞蒸气和汞化合物不仅毒性巨大，还会对环境造成严重破坏。水银体温计一旦被打碎，内含水银就会泄漏，一支体温计所含水银虽然只有不到1克，但对人类健康和周边环境的侵害巨大无比。汞的物理属性决定它能在生物体内长期累积，其毒性缓慢挥发，破坏大脑和中枢神经系统，致使人类患上“水俣病”。水俣是日本九州岛一个滨海小镇，20世纪50年代出现一种怪病，数千人面部痴呆、手足变形、口齿不清、步履蹒跚，继而视觉丧失，直至死亡。这便是由水银污染导致的“水俣病”。为了防止在全球发生，2013年1月19日，联合国发起了旨在全球范围内控制和减少汞排放的《关于汞的水俣公约》，我国于2016年4月批准该公约，并宣布自2026年1月1日起，全面禁止生产及进出口含汞产品。

事实上，作为全国含汞玻璃体温计的最大生产商，阿华医疗早就敏感地意识到水银体温计未来必将被淘汰的命运，所以在《水俣公约》还没有制定的时候，就开始着手研发含汞体温计的替代产品。2006年，时任总经理王卫健亲自挂帅，领衔承担“山东省技术创新项目”——“无汞体温计”的研制开发。当时阿华医疗的技术研发条件非常有限，资金投入也不到位，王卫健带领技术团队几乎白手起家，从体温计无汞技术的溯源开始，了解到当年全球唯一一个掌握无汞温度计技术的国家是德国，格拉特姆（Geratherm）公司1993年发明出用“镓铟锡合金”取代水银的体温计，申请了国际保护专利之后，通过了欧盟的批准，然后批量生产，产品迅速打开欧美60多个国家的市场。镓铟锡合金是一种新的液体金属，具有无毒、无污染、熔点低等特点，最大的物理特性与汞完全一致——均匀冷缩热胀。用镓铟锡合金制成的体温计与含汞体温计一样，一经封装，终身不需要校准。

在外行眼里，这样的技术研发一点儿难度也没有，用镓铟锡合金的液态金属把水银替换下来作为温度感应材料，再制成体温计，如此简单而已！然而空想和实干根本不是一码事，12 年前的阿华医疗哪怕最牛的工程师，也不知道镓铟锡合金是什么物质？液态合金该怎么获得？三者的混合比例是多少？对温度的感应辨识率是多大数值？为了解开这些技术难题，阿华医疗与山东大学、中国计量科学研究院展开了急如星火的技术研发合作，由易到难、由简到繁，从基础数据入手，一步步向前推进，历时 6 年，用蚂蚁啃骨头的精神取得了重大突破。2010 年 10 月，中国第一支完全拥有自主知识产权的“镓铟锡体温计”在阿华医疗面世，这意味着阿华医疗成为世界上第二家掌握了该产品核心技术的企业，标志着阿华医疗正式进军全球无汞体温计的蓝海市场。除了获得山东省、聊城市科学进步大奖，镓铟锡体温计研发项目还被列入 2011 年“国家火炬计划”。截至目前，阿华医疗年产镓铟锡体温计 500 多万支，产品除了覆盖县、市、省以及国内其他重点区域，大部分销往国际市场。

镓铟锡体温计的研制跨时 6 年，阿华医疗为这一项目的投资超过 1000 万元，对阿华医疗这样一家体量不大的成长型企业来说，单项科研投入可用“巨大”一词形容。但是，尽管付出如此巨大的研发成本，阿华医疗一点儿也不狭隘，本着“立足医疗，服务世界”的情怀，2019 年起，陆续公开在攻克镓铟锡体温计过程中获得的专利技术，其中包括常务副总经理刘芳参与完成的“镓铟锡体温计复溢的生产方法与流程”，将镓铟锡合金的加热温度、内芯管封头、边复溢边封顶等核心技术毫无保留地公之于众。

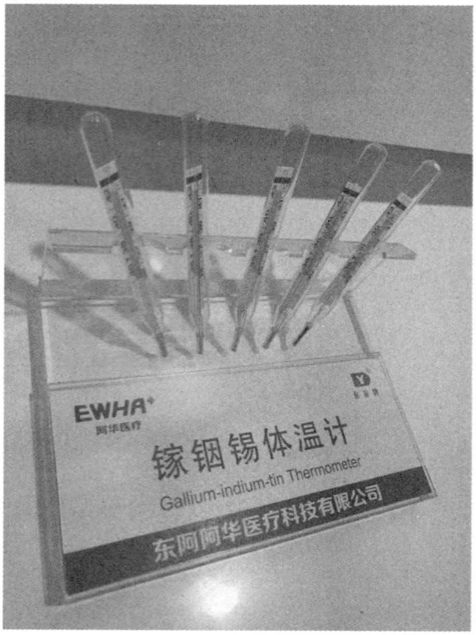

阿华医疗自主研制的镓铟锡体温计

东岳体温计科技馆

为传承、传播体温计文化，阿华医疗于 2018 年建设了中国东岳体温计科技馆。科技馆面积约 800 平方米，由序厅、科普厅、工艺流程厅、未来厅、发展历程厅、荣誉厅、营销厅、展望厅、体验厅共九部分组成，通过文本、图片、视频、音频、光影、多媒体、实物陈列等手段，展示体温计的历史和文化，介绍企业在体温计行业取得的辉煌成就。序厅——作为体温计行业全球领军企业，阿华医疗始终恪守“精益智造，安享健康”的宗旨。序厅介绍了阿华医疗以智慧驱动为理念，探索测温前沿技术，实施远程及无汞精准测温的光辉历程，竖有测温计发明者、意大利科学家伽利略的半身塑像。科普厅——用展板、动漫和光影的方式，介绍了温度计的起源与发展、不同类型体温计的测温原理和检测方法、体温与健康的关系、各国温度计实物展示。本厅有两个亮点：一是“体温科普小知识”栏目，特别解释了低体温的危害，纠正了“重视发热、忽略低体温”的单向思维模式。二是女性经期的体温变化，排卵日体温较平时增高0.5℃，这也是阿华医疗研制女性测温仪的科学基础。工艺流程厅——是体温计科技馆的核心展厅之一。重点介绍玻璃体温计、电子体温计和镓铟锡体温计，展示三种不同性质体温计的概念、发明、发展概况，对三种体温计的生产和工艺流程也做了介绍。通过对生产环节的详细展示，即使那些对体温计工艺一无所知的观众，也会对拉颈、接泡、缩喉、封泡、灌注、封头、定点、分号、渗印等专业术语产生浓厚兴趣。未来厅——体温计技术未来的发展方向是无汞精准测量，从2017年、2018年两年研发的新技术成果中甄选了9款电子测温产品，全部具有“远程、实时、互联”的特点，符合“万物互联”的时代潮流。发展历程厅——以时间为主轴，展示企业自1987年成立至今的各个关键节点。荣誉厅——历年获得的荣誉称号、技术成果和知识产权。营销厅——公司拥有66个销售办事处，与3500多家商业公司、50多家医院、9000多家终端客户建立了长期稳定的合作关系。

董事长王卫健代表企业捐赠体温计

产品远销美国、俄罗斯、乌克兰、巴西、阿根廷等20多个国家和地区。

由于“中国东岳体温计科技馆”落成于2018年，营销厅展示的数据没有包括最近几年的统计。实际上，阿华医疗的外销成绩绝对值得大书特书，早在2005年6月，公司就接到了第一张外贸订单，向战火纷飞的叙利亚出口一批医疗产品。其中口腔体温计1.08万支、腋下体温计1.08万支，奶嘴电子体温计480支、软头电子体温计480支。四种产品总计合同额虽然只有4524美元，却给阿华医疗带来一股强烈的自信心，激励企业抓品质、搞研发，把民族品牌的医疗产品源源不断地推向国际市场。

搭建数智化平台

阿华医疗的数智化建设启动很早。国家于 2015 年发布《中国制造 2025》的战略纲领，要求加快新一代信息化建设，全面推行数字化、网络化、智能化制造，向制造强国迈进。阿华医疗实施数智化管理则始于 2012 年，在很多大中型制造业企业尚未重视两化融合的时候，已经搭建了 ERP 和 CRM 系统。通过两大信息管理系统，对企业内部基础数据结构进行规范和统一，建立了各业务模块的标准信息流，公司员工也形成了信息化发展思维。特别是 CRM 系统，由于阿华医疗产品拥有广阔的海外市场，国际客户遍布东南亚、中东、非洲、欧洲和南北美洲的 20 多个国家和地区。CRM 在保证企业客户系统高速、实时、安全运行的同时，还可构建进、销、存三大业务模块的数据库，为企业海外市场的扩张提供大数据分析参考。

借力用友 U9 cloud 数智制造创新平台

2021 年，阿华医疗全面开启数智化升级转型战略，决定上线新一代 ERP 系统，对企业进行全方位数智化管理。在选择合作伙伴的过程中，阿华医疗对多家服务提供商进行了深入调研，最终选择与用友合作。在谈到携手用友的原因时，常务副总经理刘芳讲了两点理由：第一，用友深耕软件市场 30 年，具有深厚的专业积累，是全球领先的企业云服务提供商，能为成长型企业提供“营销、制造、采购、财务、人力、办公”的一体化智能平台，而阿华医疗未来的销售模式，正是要把重点从线下销售转向线上，所以特别看中用友“云服务”的原生云架构功能。第二，用友 U9 cloud 能够满足阿华医疗的个性化需求。阿华医疗是一家离散型医疗器械制造企业，每一款产品都要经过数十甚至上百道工序，对物料信息、BOM 清单、采购业务、产品设计、工艺路线、出入库、MRP 运算等都有更敏捷的要求。用友 U9 cloud 除了能够进行“精智大脑”配料，还可对企业制造中台实施 PaaS 管控，符合企业的切实需求。

用友 U9 cloud 项目启动会

2021 年 4 月 19 日，阿华医疗与用友网络举行“用友 U9 cloud 项目启动会”，阿华医疗常务副总经理刘芳、行政总经理于金燕、副总经理周梅英、副总经理宋德华、信息部部长贾文涛等领导出席会议。用友方出席会议的人员主要有集团 U9 cloud 事业部实施总监杨运良、山东帮客信息技术有限公司总经理韩金燕、山东帮客技术总监李永鹏、山东帮客咨询实施顾问马彦涛、山东帮客销售经理贾康慧等。随后，以李永鹏为项目经理的实施团队开始驻厂工作，实施团队从了解企业需求入手，多方征集意见和建议，最后确定出一套符合阿华医疗企业特点的个性化方案。

切合实际的数智化转型

鉴于多年的 ERP 基础，双方最后决定通过 U9 cloud + BPM 的方式，组建公司数智化管理平台。按照企业的实际情况，实施团队先将 U9 cloud分成多层级，再建好基础数据大 BOM，然后逐层建设生产计划 MPS，随后进入“三大管理层”：生产管理 MRP、质量管理 TQM 和财务管理 IFS。另一个重点是 ERP 辅助功能的开发，阿华医疗生产业务之外的体系虽然不多，但每一项都需要单独建立 BOM，然后导入U9 cloud予以数据贯通，使之进入平台互融互联。如设备管理维护、人力资源管理、后勤供给管理、物流配送调度等，貌似与生产流程比较疏离，实则均为企业后道保证组成的一部分，缺一不可。其中任何一项 BOM 出现差错，都会影响整个系统的正常上线运行。

在用友 U9 cloud 架构基础上开发的 BPM 平台，主要针对企业的前端业务，负责具体流程的审批。它既能为业务层提供数据查询、删除、保存、更新等操作，又能在手持终端 PDA 和移动 App 实施无线操作，是阿华医疗日常管理的业务中台。与 U9 cloud 融汇后，利用 U9 cloud 信息通道，协调各种资源来达成企业目标，无论是向顾客交付产品、与合作伙伴协同，还是引导员工爱岗敬业，BPM 都能将企业品牌和价值有机编织到一起，实现企业的最高目标。在用友 U9 cloud 和 PLM 系统的双重加持下，BPM 实现了对企业流程的审批，如“生产管理”的车间排期、产能负荷、投料控制、委外加工；“销售管理”的发货申请、打包计划、收货反馈；“采购管理”的采购订单、付款计划、付款申请；“行政管理”的来访接待、会议室预定；“人力资源管理”的招聘、培训、学习、考试。以上多层流程均可由 BPM 实施审批，再将审批结果回传向 U9 cloud 系统，各个流程点实时掌握审批结果。

《中国制造 2025》拉开了新一轮工业革命的序幕，阿华医疗勇立潮头，开启了信息化、智能化的大数据时代。在用友 U9 cloud 的助力下，企业从传统制造业向“数字 + 智造”转型，从单组织走向多组织协同，以数字化平台为驱动，向全产业链进行规模化扩张。2021 年，企业获得多项荣誉，“线上下单工业互联网平台”荣获山东省服务型制造示范项目，数字化车间荣获“山东省数字化车间”称号，5G 技术智能化应用项目入选山东 2021 年第一批智能化技术改造财政专项项目名单，被国家信息协会评为“2020—2021 年度中国工业数字化建设卓越实践企业”。阿华医疗还荣获中国工业数字化创新企业奖，2021 年数字化转型优秀企业、聊城市两化融合示范企业称号，常务副总经理刘芳也获得“山东省智慧工匠”称号。

专家点评

小小一支体温计，关乎人类大健康。阿华医疗是中国民族制造企业成长的缩影，是业内的一面旗帜：2017 年获评国家级“高新技术企业”；2018 年参与起草了《JJG 111－2019 玻璃体温计》的国家检定规程；2019 年参与起草国家《JJF 1783－2019 玻璃体温计型式评价大纲》；2020 年 11 月入选全球环境基金（GEF）“中国含汞体温计生产淘汰及无汞产品应用替代示范项目”；2021 年被认定为山东省数字化车间，入选“山东省服务型制造示范名单”和“山东省工业大数据平台示范项目名单”。公司产品从水银体温计到无汞体温计，婴幼儿无线蓝牙奶嘴体温计、医用体温贴、无线蓝牙女性基础体温计等。公司拥有66个销售办事处，与3500多家商业公司、50多家医院、9000多家终端客户建立了长期稳定的合作关系。产品远销美国、俄罗斯、乌克兰、巴西、阿根廷等20多个国家和地区。

"小企业"阿华医疗能够爆发出"大能量"，肯定离不开数智化所提供的力量。而这个力量的来源就是U9 cloud + BPM。在用友U9 cloud架构基础上开发的BPM平台，既能为业务层提供数据查询、删除、保存、更新等操作，又能在手持终端PDA和移动App实施无线操作，是阿华医疗日常管理的业务中台。与U9 cloud融汇后，无论是向顾客交付产品、与合作伙伴协同，还是引导员工爱岗敬业，BPM都能将企业品牌和价值有机地编织到一起。在用友U9 cloud和PLM异构系统的双重加持下，BPM实现了企业流程审批，如"生产管理"的车间排期、产能负荷、投料控制、委外加工；"销售管理"的发货申请、打包计划、收货反馈；"采购管理"的采购订单、付款计划、付款申请；"行政管理"的来访接待、会议室预定；"人力资源管理"的招聘、培训、学习、考试。以上多层流程均可由BPM实施审批，然后返回U9 cloud监控执行，极大地提高了企业的生产效率。

——崔晓阳 中国软件行业协会 数智化管理专家

普斯赛特

数字化背景下的智能制造

LED 是“Light Emitting Diode”的缩写，中文称为“发光二极管”。其核心部分是由多种不同类型的半导体材料组成的两个 PN 结，通电后半导体晶体释放能量，把电能转换为光能。与传统照明相比，LED 具有发光效率高、耗电量少、寿命长、耐震动、安全可靠、色彩丰富、微型化等特性，被称为照明领域继白炽灯、荧光灯之后的“第三次革命”。在节能方面，LED 优势明显，可比白炽灯节能约 90%。在全球气候变化和能源紧缺的大背景下，被世界各国陆续列入新兴制造业范畴。尤其是在实现“碳达峰、碳中和”的过程中，LED 的节能减排效果日益凸显，因而受到国际照明市场越来越多的重视，也得到越来越多的应用推广，是目前全球公认和大力发展的最具市场前景的高效照明产业。

湖南普斯赛特光电科技有限公司

董事长 刘德权

广义上讲，LED 属于半导体族群，而随着 LED 技术的日益成熟和产品的普及，其半导体产业特征越来越薄弱，行业内更愿意将其归类为照明行业。从本质上看，发光二极管属于半导体发光器件，可以把 LED 看作半导体器件在照明领域的应用，故而称其为“跨界产业”较为准确。经过十多年的发展，我国已经形成完整的 LED 产业链：上游芯片、中游封装、下游应用，从目前产业整体规模来看，上、中、下游三个环节的产业占比分别为 3%、16% 和 81% 左右。上游环节涵盖 LED 衬底、外延片和芯片制作，龙头企业主要有三安光电、乾照光电、华灿光电等；中游环节是把 LED 芯片和支架封装起来的过程，龙头企业主要有国星光电、木林森、鸿利智汇、瑞丰光电等；下游环节指通用照明领域，龙头企业主要有欧普照明、雷士照明、佛山照明、三雄极光等。位于湖南长沙市雨花经济开发区的湖南普斯赛特光电科技有限公司（以下简称“普斯赛特”或“普斯赛特光电”）就是一家专做灯珠封装的 LED 中游企业。

艰难的开局

LED 封装，通俗讲就是使用环氧树脂或有机硅等材料把 LED 外延芯片包起来，固定在支架或基板上，并引出接线端子，通过透光绝缘介质包封固定，为进入下游环节做好准备。LED 器件封装主要有直插型（Lamp）和表面贴装型（SMD）两种，Lamp LED 分两脚和四脚两类，两类产品用途基本一样，主要用于家电控显、消费电子产品、户外显示屏、交通信号、汽车照明以及仪表验钞。与其相比，SMD LED 产品不仅延展出细分领域，而且具有很多独到的优异特性，如组装密度高、产品体积小、重量更轻，还能节省材料、能源、设备、人力、时间等成本，尤其易于实现生产自动化，提高生产效率，可将成本降低到 Lamp LED的 30% ~50%。以封装形式区分，SMD LED 主要分为 Chip、Top、Sideview 和大功率四类，其中 Top 类、Sideview 类和大功率类产品的特点是白光、高亮，主要运用领域为背光（如手机、电脑）和照明（如室内、室外照明）。Chip LED 是指采用 COB 集成封装的 LED 显示模块，主要用于封装 1.0 毫米及以下点间距的芯片，封装技术尚需进一步完善。

经过多年探索，结合 LED 市场主流需求和发展方向，普斯赛特已于 2014 年放弃直插式 LED 的生产，重点研发、制造中高端 SMD LED

产品，这一决策的制定者便是普斯赛特光电董事长刘德权。

小山村走出的 EMBA

1968 年 4 月，刘德权出生在湖南省娄底市新化县孟公镇星塘村。位于雪峰山深处的星塘村虽小，人文底蕴却极为丰厚，地理上，它处于华表山、白岩寨、桐木溪“金三角”的中心，远古时期曾是蚩尤部落的世居之地。几千年来，星塘村受“梅山文化”滋育，又受“苗瑶文化”影响，在山歌、诗词、武术、民俗等领域独领风骚，是“湘中稻作文化”与“苗瑶山地渔猎文化”融汇的典型村落。刘德权在村里读完小学，在镇上的“横阳中学”（孟公镇原名“横阳公社”）读初中。1986 年 7 月，中学毕业的刘德权参加了高考，但成绩并不理想，被湖北省一所中专“空军后勤部武汉电子计算机学校”（现已并入“武汉空军雷达学院”）录取。未能考上大学，成为刘德权的一块心病，时不时就会发作，这促使他在日后的经商过程中通过不断进修来丰富自己，2011—2013 年拿到中国地质大学行政管理专业的大专文凭；2014—2016 年获得湖南农业大学经济法专业的本科文凭；刘德权一鼓作气，2016 年考入湖南大学工商管理学院攻读 EMBA，并于 2020 年获得高级工商管理硕士学位。

1987 年，中专毕业的刘德权回到家乡，在孟公镇开了一家修理部，从事家电维修。凭着朴实的性格、和善的人缘、过硬的技术，刘德权很快获得了良好口碑，周边村镇谁家电器坏了，乡亲们都愿意找他维修。五年后，不甘久居乡镇的刘德权来到新化县城，经营“新化佳全电子服务部”，除了继续家电维修老本行，还增加了电子元器件经营。1996 年 6 月，刘德权将生意扩大到邵东。当时的邵东是湖广一带著名的小商品商贸集散地，有“湖南义乌”之称，“人人有副业，全民皆经商”是当年邵东的真实写照。刘德权注册了“全能家用电器有限公司”，开始批发、销售家电以及各种进口国产二极管。灵活的头脑、超前的眼光、机敏的嗅觉，使他在商海里游刃有余，生意很快做到了国内 11 个省，南到海南、北到吉林、西到甘肃、东到江苏，都有刘德权的客户。随着生意的不断扩大，2000 年 11 月在长沙开设了“全龙电器有限公司”。1994—1996 年，新化县政府在农村及林场普及有线电视，刘德权的公司通过招标拿到了乡镇有线电视入户工程，架线和铺缆工程漫长而艰苦，但刘德权的施工队从不怠工降质、缩短工期，得到相关部门的高度赞扬，还因此中标邻县的同类工程。

2005 年，随着家电产品更新迭代速度日益加快，家电和电子元器件批发市场出现了巨大变化，定价权越来越集中到极少数行业巨头手里，刘德权的几家公司流水很多，利润却日渐减少。另外，18 年的营商体验，培养出刘德权远大的理想和抱负。基于这两种考量，刘德权决定向实业转型。虽说都是经营，但贸易和实业分属两个行业，二者具有本质的不同：贸易是经营商业，实业是经营企业，营商是购进别人的商品转售，制造是自己生产商品卖给别人。由于没有厘清这一点，刘德权最初几次转型制造业的尝试都以失败结束。他做过佛像铸造、生产过机顶盒和家用卫星接收天线，都没有成功，好在他没有放弃电子零配件的销售，新化、邵东、长沙、广州四家销售网点每天都在源源不断地赚进利润，这也是他创业失败后还能很快再次出发的资金来源。

从“绿达”到普斯赛特

失败了四五次、亏掉了数百万元后，刘德权终于悟出一个道理：转型制造业之所以屡屡碰壁，对制造业缺乏经验是一方面，但根本问题在于没有找准切入点。2005—2006 年，我国制造业正处于全面发展阶段，制造业占到 GDP 的 35.75%，居世界第四位。我国的制造业虽然崛起迅猛，但存在很大弊端，比如能源消耗大、污染严重、产业结构不合理、缺乏核心竞争力等。为了改变这种局面，国家及时提出“绿色制造，高新产业，信息建设”的发展思路，引导制造业企业由低端产业向高技术产业过渡。回顾自己做过的铸铜厂、卫星天线等，无一不是已经或正在淘汰的夕阳产业，将其置于制造业大背景下重新复盘，投资失败也是情理之中。痛定思痛，刘德权明白，投身制造业最重要的不是你有多少资金，而是必须选准符合国家产业政策的行业，说的浅白一些，选择国家大力提倡并积极扶持的产业作为切入点，更容易成功。

正是因为有了多次失败的教训，重新择业时，除了符合国家产业政策，刘德权还加上一条——必须属于“先进制造业”范畴。先进制造业是相对于传统制造业而言，采用现代科学手段对企业实施管理，并将高新技术成果贯穿在生产过程中，实现信息化、智能化、柔性化、生态化生产的制造行业。也就是说，他要从事一种“符合国家产业政策的先进制造业”。2008 年 3 月，他在广州遇到了同村乡亲刘红秀，当时的刘红秀在广州从事 LED 光源、节能灯饰等商品的批发业务。

LED 行业被国家列入“十二五”“十三五”“十四五”战略新型产业，又与节能、环保、新材料三大概念相关联，是刘德权寻找的“符合国家产业政策的先进制造业”。两人经过一番深刻交流，刘德权看中刘红秀在 LED 领域积累的经验，决定共同投资实业。注资方式简单粗暴：对刘红秀公司当时的资产进行评估，刘德权按照评估价值以现金方式入股，双方各占 50% 股份。实际上，刘德权当时并没有全身心参与企业的具体经营，他依然把精力倾注在自己的几家贸易公司上。但是接下来，形势很快转坏，由“美国次贷危机”引发的金融风暴席卷全球，我国也未能幸免，大批企业纷纷倒闭，各行各业陷入萧条，房地产行业首当其冲，整体陷入低谷，开发商为了回笼资金不惜亏本甩卖。2010 年，刘德权看准时机，在长沙雨花经济开发区购置5000多平方米的工业地产，这便是后来普斯赛特厂区的雏形。以此为厂址，2011年8月19日，“湖南普斯赛特光电科技有限公司”在长沙注册成立，拥有“绿达”和“普斯赛特”两个注册品牌。刘德权出任董事长。2012年，“广州市绿达电子有限公司”从广州陆续向长沙搬迁，一年后企业整体搬迁完毕，普斯赛特在长沙扬帆启航。没有人会料到，仅仅10年，普斯赛特从光电小厂成长为LED灯珠封装的高新技术企业，而且稳居湖南省行业领军地位。

瞄准“专精特新”跑道

采访中，问到普斯赛特最艰难的时期，董事长刘德权脱口而出：“2014年，我们几乎到了破产边缘。”对所有企业尤其是民营企业来说，2014年都是一个坎儿——这一年，中国经济告别了高增长，进入延续至今的“定向调控”新常态。随着经济下行压力的日渐加大，金融流动性不断收紧，受政府“银根紧缩”政策的影响，制造业特别是小微企业资金吃紧，大批企业因资金链断裂而倒闭。普斯赛特也不例外，供应链内的巨额货款无法如期收回，企业储备资金也即将用光，虽然尚未沦落到发不出工资的地步，但也很难拿出更多资金扩产，这对一个高速发展的企业是致命的问题，谈到货款回收，刘德权讲了这样一个故事，广州一家LED灯具厂拖欠普斯赛特一笔货款，他和搭档刘红秀亲自登门，对方老板给了他好大面子，让会计开了一张5万元的支票。刘德权知道“钱好欠，债难讨”，虽然只要回区区5万元，总算不虚此行，但这张所谓的“现金支票”，其实是三个月后才能兑现的一张“远期支票”。实际就相当于一张欠条。刘德权对此非常不解，因为他的商贸公司每天都要收入十几甚至几十万元的现金，而看上去非常高大上的LED行业，货款竟然如此难以收回。其实是他半路入行，对行业潜规则知之不深：大部分制造业特别是离散制造业，货款回笼都有二至六个月不等的回款期。

接下来怎么办？明年、后年怎么办？2014 年整个秋天，这两个问号一直在刘德权脑海中反复萦绕，才下眉头，却上心头。当他用光最后一笔储备资金，一个虽无奈却大胆的想法从脑海里冒出来——收缩产线，集中精力，专注灯珠封装，在小而精上做文章。国家不是号召制造业走“专精特新”之路吗？普斯赛特就按照这个政策，在“专精特新”上大步前行。其实，如果不是“银根紧缩”，普斯赛特的发展本该一帆风顺，曾被中国建装协会评为“2012 年度中国 LED 照明应用百强企业”，2013 年，“绿色照明技术”被评为长沙市雨花区“第一批节能示范推广项目”。2014 年 8 月，公司顺利通过省级鉴定，被授予湖南省第一批“高新技术企业”。2014 年 12 月，应省质监局之邀，参与了湖南省《LED 路灯》（D843/T672 2014）地方标准的起草。2013 年和 2014 年，普斯赛特生产的绿达牌 LED 照明设备连续被纳入政府采购目录；绿达牌 LED 日光灯、路灯、隧道灯被列入 2013 年《长沙市自主创新和节能环保产品目录（第二批）》，绿达牌 LED 日光灯入选 2014 年《湖南省节能新技术新产品推广目录（第三批）》。

尽管已经取得如此多的成就和荣耀，刘德权仍然决定引导普斯赛特走上“专精特新”之路。彼时，刘德权正在湖南农大学习本科，他将学到的现代企业经营理论与管理企业的实际经验两相印证，更加坚定地看准“专精特新”是成长型制造业行稳致远的有效途径。他的大胆想法得到合伙人刘红秀的赞同，企业的裁撤重整进展很快，年底之前裁掉了照明事业部，将原本分散的财力、人力、技术力并作一股合力，全部集中到 LED 灯珠封装上，他们给企业制定了“光电改变生活，绿达引领健康”的发展愿景，定位成为“全球健康光源方案解决专家”。从此以后，普斯赛特专注灯珠封装一个领域，心无旁骛，脚踏实地，一做就是 8 年。

漂亮的突围

经过一段时间的阵痛，从“多元化”回归“专注力”的普斯赛特渐入佳境，2015 年业绩比上年度增长近 80%，2016 年增长约 40%，2017 年年度营收更是突破亿元大关，成功跨入“民营企业亿元俱乐部”。直到此时，刘德权才轻舒一口气。当然，“营收破亿”并不是判定一家民营企业是否成功的标准，但能带领一家中途转型的民企在三年内做到“营收破亿”，绝对是个经营壮举，要知道，普斯赛特在2014 年转型初年的营收只有两三千万元。也许只有刘德权一个人清楚，将企业带进“亿元时代”，自己和公司团队付出了多少努力、经历了多少磨难、倾尽了多少心血！他相信，世界上唯有时间最公平，所有的付出和投入，都是在对未来做积累，只要埋头耕耘、苦心经营，时间总会给出结果。

从淘汰赛中成功突围

普斯赛特专注 LED 封装领域始于2014 年，当时全国约有4000 多家同类企业。按照行业发展逻辑，淘汰率达到 90%，封装行业才会进入相对平稳期。换言之，只有当 4000 多家 LED 封装企业经过不断洗牌，优胜劣汰到400家左右，LED中游环节才能与上下游达到均衡。竞争异常惨烈，每一家封装企业都想在“十进一”的淘汰赛中获胜，而身为行业新兵，普斯赛特遇到的艰难远远超过外界预料。在刘德权眼里，LED封装行业和之前的商贸完全不一样，普斯赛特刚从贸易转型过来，在业内没有任何资源，没有可以交流的行业伙伴，没有固定的下游采购商，就连最起码的原材料订购，都找不到门路，更别谈什么资金、信息、供应链。行业内那些头部企业根本不把弱小的普斯赛特放在眼里，这样对普斯赛特反而有益——它自始至终都没有成为被行业龙头吞并、扼杀的目标。刘德权讲了一个非常形象的比喻：“当年的普斯赛特就像茫茫大海中的一片树叶，只要有一艘大船从旁边经过，我们就会被激起的波浪卷入海底。”

如果说，2008是普斯赛特的“启航元年”，那么，2014年可算普斯赛特的“发展元年”，2016年则是在行业内站稳脚跟的“奠基之年”。经过6年的发展，普斯赛特的标准封装产线从最初的4条扩展到120条，顺利通过了ISO9001质量管理体系和ISO14001环境管理体系认证。“双体系认证”是半导体封装行业的“通行证”，标志着企业完成了粗放式管理到精益化管理的进阶，只有得到“双体系认证”，企业才有资格与国内外知名厂商合作，公司的市场占有率和行业地位才能不断攀升。同年还通过了美国LM－80能效（光通维持率）认证、欧盟RoHS标准（产品无害化）认证、国际IEC62471安全（光生物辐射）认证。也是从这一年起，普斯赛特的研发投入呈现跳跃式增长，并首次与年度营收联系起来，产值越高，对科研的投入就越多。2016年之前，企业主要开展跟随型技术研发，在封装行业已有技术成果的基础上进行适当改进和细节丰富，2016年年初尝试技术突破，开展校企合作，与长沙理工和湖南农大合作进行技术创新，取得了一系列成果，并很快将研发成果转化为新产品。其中的“高散热、配光均匀LED灯的研发应用”

荣获长沙市“节能技术成果转化奖”；6大类59款产品入选“长沙市2016年第一批两型产品目录”。基于以上成就，普斯赛特获得长沙市雨花区“2016年度最具潜力奖”。

普斯赛特智能化固晶车间

突破植物照明核心技术

2018年，经过几轮残酷竞争，全国LED封装行业由4000余家锐减到400家。在这场“十进一”的行业淘汰赛中，普斯赛特不仅胜利突围，而且成为湖南首屈一指的半导体封装企业，在行业内打响了自己的名号。随着行业竞争的白热化，刘德权已经意识到“自主创新”和“核心技术”对一家高新企业的重要性，2017年起，他就将关注点放在技术创新上并亲自参与技术攻关。当时，LED封装技术刚从传统的支架型封装（SMD）过渡到新型的无支架型集成封装（COB），即“表面贴装技术”。当整个行业都以COB做主流技术时，刘德权却用多次失败磨炼出来的超前思维，对行业共性进行战略分析。由于正装COB的发光角度与线空距离较大，比较适合1.2～0.7毫米的芯片，而随着Mini/

Micro LED 以及 4K、8K 超高清显示的普及和应用，超小点间距芯片的封装技术必将取而代之。同所有高新技术产业一样，LED 封装也是一个极速迭代的行业，在技术上稍有懈怠，没有超前的技术储能，就会像之前的 3600 家同行一样被淘汰。而淘汰你的不是无情的对手，也不是残酷的行业竞争，恰恰是自己的技术保守和止步不前。

除了在“倒装 COB 技术”上有所突破，在刘德权的带领和参与下，普斯赛特还在植物照明领域取得了重大进展。植物生长需要光合作用，优质的光环境可以促进植物更快、更好的发育生长，达到增产、高效、抗病、无公害的目的。而在目前最常用的是植物补光钠灯、金卤灯、微波硫灯中，LED 植物灯最具优势。LED 可以控制光谱成分，能够根据植物感光细胞所需要的波长调整发光源，按照不同植物的生长特性进行波长匹配，对植物生长进行干预照明。经过长期研究，反复试验，普斯赛特的研发团队通过高温固相法制备获得不同波长的 LED 荧光粉，再将荧光粉与蓝光芯片结合，组成不同频次的光谱，研发出 LED 植物生长照明光源。普斯赛特研发的 LED 植物照明芯片光质稳定准确，可人为组合调整光谱，光合光量子效率（PPE）达到 3.0mol/J 以上，具有光合有效辐射率高、植物补光效果好、运营使用成本低的特性，可广泛应用于蔬菜（如生菜、草莓、西红柿等）、药材（如铁皮石斛、田七）等植物的批量种植。植物照明技术可谓革命性的发明，对于传统农业中靠老天、靠自然光照才能正常生长的庄稼果蔬来说，可以通过 LED 植物照明摆脱自然环境的制约，即使在恶劣的条件或灾害的情况下也可以正常种植。

2018 年，普斯赛特研发的“LED 植物生长光源关键技术”，获长沙市农业科技重大专项奖，其产品也深受市场欢迎。“点光源”等 4 类 26 款产品被纳入“2018 年长沙市两型产品政府采购目录”，企业也被长沙市政府列为“拟上市（挂牌）后备企业库”。

从“小而精”到“小而美”

2018年以来，在刘德权的带领下，普斯赛特连创佳绩，产线增加到200条，产值逐年递增，2019年成功入选省级专精特新“小巨人”企业，还通过了工信部两化融合管理体系认定。即使在疫情肆虐的2020年、2021年，依然取得了30%以上的复合增长率。在技术研发上，年均研发投入占年销售收入的8%以上，经过坚持不懈的技术创新，在封装制程、光效和显色性等方面掌握了业界领先的核心技术，企业共获得57项国家级技术专利，其中2项为国家发明专利。产学研方面，与湖南大学、湖南师大、长沙理工大学等长期合作，董事长刘德权被聘为“湖南大学工商管理学院专业学位研究生校外指导教师”，还应邀参与编写了《2021UVC产业调研白皮书》。截至2021年年末，普斯赛特的月产能已达3000kk，公司坚持技术创新，在封装制程、光效和显色性等方面掌握了业界领先的核心技术，所封装的LED灯珠以平均使用寿命超5万小时的优良表现，广泛应用于华菱线缆、航空制造等众多智能制造厂商以及欧普、雷士等智能家装企业，成功跻身国内LED封装行业第一梯队，被评为“长沙市雨花区2021年度先进制造业突出贡献企业”。

“米粒小灯珠，照亮大世界。”普斯赛特深耕“微小”行业，通过技术创新和智能升级把米粒大小的灯珠做到小而精、小而美、小而极致，赋予LED灯珠美学内涵。因其不断壮大的实力和规模，以及在业界日益彰显的知名度，2018年以来，承接了多项省、市级重大专项，如2018年湖南省“制造强省”重大专项“LED智能封装光源产品产业化建设项目”；湖南省2019年移动互联网产业发展专项“全自动化LED智能生产无人车间项目”；2020年湖南省“制造强省”重点专项“LED

健康照明光源产品产业化建设项目”；2020 年长沙市科技成果转化重大专项“LED 共晶无机封装关键技术”；2021 年湖南省制造业数字化转型“三化”重点专项“第三代半导体科技数字化工厂建设项目”等。2021 年，企业实现人均产值高达 89.29 万元。

普斯赛特还积极走出国门，到国际市场上与欧美同行一较高低。普斯赛特副总经理石玲告诉我们，公司采用“一体两翼”的销售模式，在不断提升产品品质、创新产品类型的同时，还通过参加国际照明展会、发展海外代理商来拓展国际市场。目前，普斯赛特的产品已经打进韩国、印度、越南、埃及、土耳其及东南亚多个发展中国家，以及美洲、非洲等国家和地区，以卓越的品质为“中国制造”在国际市场扬名立万。2021 年，在疫情阻碍和原材料价格攀升的压力下，出口外销较上年度增长了 247%。

普斯赛特第三代半导体科技智能化产业基地

集成互联下的智能制造

普斯赛特的系统信息化建设始于2014年，不过那时候不叫信息化建设，叫智能化改造。对普斯赛特这样一家立足未稳的“行业新兵”而言，实施智能化升级是行业的硬性要求，需要投入巨大资金对机器设备进行改造、改装，实在无法改造的，只能购置新设备，来不得半点儿将就。所以，普斯赛特的智能化改造起步阶段非常痛苦，因为它不是针对某个环节、某个岗位，而是针对整条产线。更要命的是，尽管不断砸钱进去，产出效果却不能立竿见影，“一边不断投入，一边收效甚微”，刘德权回忆到。从2014年到2018年，漫长的五年时间里，普斯赛特几乎将利润的一大半都投在智改上，2020年，产线90%的流程实现了自动化，固晶流程实现智能化、焊线流程完成智能化、点胶流程完成智能化……车间几乎全部更新为大型智能设备，生产效能提高了四倍。

“三系合一”，智造升级

为了全面提升数字化、网络化、智能化水平，使企业尽早升级到第三代半导体平台，普斯赛特于2021年8月启动了数字化转型工程。经过几个月的甄选比对，最后决定与用友网络合作，完成第三代半导体数字化系统的建设。2021 年 12 月 14 日，项目启动会在普斯赛特六楼会议室召开，董事长刘德权、总经理刘红秀、副总经理石玲、品质总监王莲芝等企业领导出席了会议，刘德权发表了精彩讲话。用友方出席会议的主要人员有湖南用友总经理罗娇、用友集团 U9 cloud 实施总监杨云良、湖南用友实施总监彭健等；长沙市工信局总经济师熊祥林先生也莅临指导并发表了总结讲话。会后，用友很快组成了以邓海城为项目经理、周运陆为开发总监的实施团队，成员包括集团 U9 cloud 实施专家李彦安、U9 cloud 实施专家蒋良才、U9 cloud 高级实施顾问高珊、U9 cloud 中级实施顾问陈依静等九人。

针对普斯赛特的行业特性和自身特点，用友项目团队为其量身定制了切合实际的数字化方案，主要内容有：第一，支撑普斯赛特业务运营，通过业务协同实现运营效率提升，包括生产执行透明、业务协同敏捷；第二，通过信息化实施过程中的业务流程梳理，实现业务流程规范化、统一化、可复制；第三，实现知识经验由人到系统的固化，知识共享、信息共享；第四，构建敏捷计划体系，缩短生产周期、减少库存资金占用、降低成本，提升利润；第五，通过信息系统积累的数据进行企业级大数据分析，为管理者提供实时、准确的决策依据。普斯赛特局域 LED 产业链的中游，行业占位决定了其产品具有多维度管理特性，主要体现在：①产成品维度，表现在制规、电压、色温、显指、区块、R9、光通量、BIN、VEL 等；②芯片维度，表现在亮度、波长、电压等。针对这一特点，用友项目团队对普斯赛特的销售订单由生产到发货的业务闭环进行了精雕细琢，共为企业梳理优化了 29 条业务流程、打通了 20 多个管控点，建立了数千个超级 BOM，给出了 3 套解决方案，让 U9 cloud平台帮助企业实现数据共享、达成集成互联的同时，操控上更加高效而精准，在灯珠封装领域发挥更强的产业针对性，助推普斯赛特顺利完成数字化转型，成为业界智能制造的典范。

由于之前普斯赛特已经在运行 CRM 和 MES，在解决不同环节的信息孤岛之前，必须实现 U9 cloud 与异构 CRM、MES 的无缝对接，才能达到多组织、多产线的业务协同集成统一管理。普斯赛特属于多客户企业，其上下游分列着上百家供应商和采购商，所以项目首先需要打通 CRM 与用友 U9 cloud 集成，让 CRM 功能因升级而变得更加强大，衍生出与客户的 SRM 系统对接，根据客户采购需求自动生成销售订单，并同时经由用友 U9 cloud 将销售订单内容发送给财务进行价格确认。在确认预交期信息后，U9 cloud 系统迅速制订需求计划，系统按照交期生成生产订单，并经由用友 U9 cloud 将订单内容依次发送给设计部门、出料部门、生产车间，进入 MES 系统，由 MES 介入订单生产管理。同样，经过用友 U9 cloud 升级扩展的 MES 系统，无疑嵌入了“精智”工业大脑，使之具有更加智能的制造能力，可以指定某订单料品在某车间、某生产线上进行生产，还能自动给出开始和结束时间。产品下线后，按照事先生成的跟踪条码将其输入 U9 cloud，U9 cloud 自动反向核实订单内容及完成情况，然后交由出库环节发货。三大系统实现集成应用后，所有程序数据全部后台自动处理，无须人工干预。

普斯赛特用友数字化项目启动会

用友 U9 cloud 赋能企业运营

本着“边实施边制订方案”的原则，用友为普斯赛特定制的U9 cloud不断增加功用模块，如原辅料检验模块、能耗管理模块、工艺管理模块、产品质量检验模块、生产管理模块、生产执行模块和销售模块、采购模块、财务模块、人力资源模块等。还编制了其他很多帮助企业提升效率的功能，如自动统一计量单位、参数自动验证、开发微信小程序等。在应用层面，U9 cloud 主要用来解决供应链管理、财务会计、生产制造、成本管理以及难度最大的“销售业务合并调度”。除此之外，还让 U9 cloud 与 OA、UAP 融合对接，而且是循环对接。比如U9 cloud与 OA 的集成，OA 端的合同管理、付款申请和报销申请与 ERP 端的采购单、收货单、付款单对应，再进一步与供应商管理的 SRM 集成在一起，打通上下游供应链壁垒，保持供应链的连续性与稳定性。在 ERP 下达采购需求后，SRM 通过采购寻源功能寻找合适的供应商及获取最优的采购价格，生成采购货源清单同步回传到 ERP，U9 cloud 根据货源清单向供应商下采购订单；OA 按照采购合同价格进行付款或销账。用友 U9 cloud 让普斯赛特的产品实现了全程追溯，当物料进入 MES 系统后，SCADA（数据采集系统）和 RFID（电子标签系统）会同时工作，按照 BOM 物料库数据自动匹配，生成电子番号。根据番号进行组织间或组织内的业务全程跟踪：销售接单、自动排产、采购订单、生产订单、入库出库、货款返回。跨组织、多组织使用同一番号来源，采购、生产、出货、结算过程使用同一番号进行追踪。企业最为关心的成本费用控制，用友项目团队将企业成本归结为材料成本、人工成本、制造成本、外协成本、设备成本五大类，并为各个环节、不同部门设置了费用和成本分配、查询方案，做到了“每笔支出皆有记录、每项消耗均有数据”。用友 U9 cloud 的另一赋能在于协助普斯赛特制定生产策略，在销售部门预测数据及月度订购计划的基础上，自动编制“月度生产计划”，通过 MRP 形成外购件的“月度采购表”。同时，U9 cloud 的强大算法会综合衡量物料保底库存、最小批量、现存量和在途量等各种数据，然后由 MPS 对“月度采购表”进行修正，对不同生产部门给出最科学、合理的“下月生产策略”，既减轻了人为核账的工作量、避免手工出错，又提高了工作效率、保证成本精细化。

专家点评

米粒小灯珠，照亮大世界。普斯赛特深耕“微小”行业，通过技术创新和智能升级把米粒大小的灯珠做到小而精、小而美、小而极致，赋予 LED 灯珠美学内涵。2018 年以来，承接了多项省、市级重大项目，2021 年，实现人均产值高达 89.29 万元。普斯赛特还积极走出国门，到国际市场上与欧美同行一较高下。通过参加国际照明展会、发展海外代理商来拓展国际市场。目前，普斯赛特的产品已经打进韩国、印度、越南、埃及、土耳其及东南亚多个发展中国家，以及美洲、非洲等国家和地区，以卓越的品质为“中国制造”在国际市场扬名立万。2021 年，在疫情阻碍和原材料攀升的压力下，出口外销较上年度增长了 247%，成为行业中的佼佼者。

普斯赛特在 2014 年开始了用数字技术对企业进行智能化改造，从 2014 年到 2018 年，漫长的五年时间里，普斯赛特几乎将利润的一大半都投在智改上。最终由 U9 cloud 平台帮助企业实现数据共享、消除信息孤岛、达成集成互联，使得企业的运营和生产操控更加高效而精准，在灯珠封装领域具有了更强的产业针对性，助推普斯赛特顺利完成数智化转型。目前，产线90%的流程实现了自动化，固晶流程实现智能化、焊线流程完成智能化、点胶流程完成智能化……车间几乎全部更新为大型智能设备，生产效能提高了四倍，成为业界智能制造的典范。

数字的力量使得米粒小灯珠能够大放异彩。

——崔晓阳 中国软件行业协会 数智化管理专家

附　录

中国制造背后的数智力量

不久前，工信部公布了一组数据，2020 年我国工业增加值超过 31 万亿元，连续 11 年位居世界第一，对世界制造业作出贡献的比重接近 30%，成为名副其实的世界第一制造业大国。

一串串亮眼数字的背后，是综合国力的不断跃升，尤其是“十三五”期间，随着经济实力、科技实力的不断加强，中国制造业也吹响了跃上新台阶的嘹亮号角。纵观“十四五”规划蓝图，国家将加码产业基础再造工程，聚焦新一代信息技术、航空、航天等新兴产业领域，打造现代化的产业链。同时，将以先进制造业为支撑，在高端装备、新能源、新材料等关键领域着重发力，为构筑现代产业体系聚力蓄能。

从国产大飞机 C919 傲然腾空，到川藏铁路工程的百年圆梦；从核心重器换流变压器揭开特高压的制造诀窍，到中国核工业产业链托起的一个个制造尖兵，这些大国重器正率领中国制造向问鼎“世界级制造”冲刺。然而，我国作为世界上唯一一个拥有完整工业体系的国家，在自豪之余，仍有较大的发展空间。科技含量低、芯片制造核心技术被西方国家“卡脖子”也都是事实。除此之外，数智化能力严重不足也影响

智能化无人生产线

了中国制造业在全球产业链和价值链的地位。

为此，云计算、人工智能、区块链等新一代信息技术正以前所未有的力量“造血通脉”，以数字化、智能化创新平台重构产业流程，定制智能制造体系，推进生态建设，促进传统产业焕发生机。

2022 年，为响应国家号召，驱动中国创造向中国智造变革，用友将原有面向大中型制造业的 U9 ERP 云化，通过对其技术、应用和业务架构的整体改造，构建了面向成长型企业数智制造创新平台 U9 cloud。

作为用友中型企业“三剑齐发”的产品之一，U9 cloud 的诞生标志着用友彻底实现了对复杂离散制造业的整体云化，满足成长型制造企业上云的各类复杂业务场景，并以全新的战略格局赋能中国智造，以精准的产品定位加速制造企业数智化转型升级，以国际化视野驱动企业走上世界舞台，真正成为中国制造崛起背后的超级动力！

高度站位，大成格局

在新技术驱动、国家政策引领、企业诉求的三方合力下，制造业迎来了变革发展的历史机遇。在这股强大的洪流中，凭借多年的行业坚守，U9 cloud 高度站位制造企业云服务市场，深耕产业发展诉求，并通过自身的综合实力和专业积累引领数智制造产业发展，助推中国制造业强势崛起。

它全面运用移动互联网、大数据、物联网、人工智能等最新技术，融合 PLM、智能工厂、AIoT、制造云、营销云、采购云、财务云、税务云、人力云等服务，构建互联互通的智能制造体系，并以个性化定制、网络化协同、智能化生产、精细化成本、项目化管理、多层次责任核算、服务化延伸、国际化经营这八大制造业数智化转型的“明珠”，促进制造业高质量发展，推动产业链整体变革。

作为一站式的数智制造平台，U9 cloud 充分发挥其强大的平台价值。

第一，它是用友精智工业互联网平台的重要组成部分，提供了各种基础应用和开发服务，同时还通过 API 服务库，构建了与第三方系统集成的能力，并与 AIoT 智能物联网平台实现了设备硬件的数据采集和对接。

第二，承载 U9 ERP 在生产制造、供应链、成本、财务、管理会计、人力资源、项目化管理等全领域的深入应用，U9 cloud 以八大服务领域——营销、采购、制造、供应链、金融、财务、人力、协同，服务企业商业创新，提升产业链运营效率。此外，针对企业高层的管理痛点，U9 cloud 还提供了多种智能分析数据决策服务。

第三，通过与用友 PLM 集成，U9 cloud 实现了设计制造一体化；与智能工厂集成，打造了智慧车间、数智自动化车间；与精智工业大脑集成，构建了多场景、多节点的自主学习智能决策。

第四，U9 cloud 全面融入用友云平台，通过统一入口实现与各领域云的全面融合。而各领域云在产业链协作、社会化协同方面的强大能力和项目实践，可直接赋能 U9 cloud 客户，从而为企业的数智化转型、上下游产业链协作、社会化协同提供基础保障。

然而，把握数智时代机遇，不仅仅要为产业和企业赋能，更要为“信创强国”筑基。

随着中国数字经济增速发展，软件创新的深度，决定了产业发展的高度。然而，从底层基础设施到中间基础软件，再到上层应用软件，没有核心技术，就会受制于人。为此，以用友为代表的众多国内厂商正通过自主创新产品，帮助国内应用软件市场实现从无到有，从“能用”向“好用”的突破。

在这样的背景下，U9 cloud 融合了多种创新的数字技术，以强大的技术实力在自主创新方面爆发出异常活力，并不断取得新的成绩。它不但成为中国智造实现超越的关键突破口，更在自主可控和国产化替代上发挥了市场引领作用。

以产品创造价值，以专深赢得市场

从 2008 年用友 U9 ERP 横空出世，到如今 U9 cloud 全新起航，13 年的蒸蒸日上不仅让它完成了产品的更新换代和技术性突破，更是帮助中国数以千计的制造企业实现了数智化的重大颠覆。这不仅赋能制造企业高质量发展，更是实现中国智造的宝贵财富。

模塑科技是一家以生产汽车保险杠为核心，在中国领先的汽车外饰件系统服务供应商，也是华晨宝马、奔驰、奥迪、上海通用等主机厂的一级配套厂商。为了更好地服务客户，满足整车厂 JIT 供货要求，公司在江阴、沈阳、武汉、上海、烟台等地建设了多个工厂，上游连接各个供应商，下游连接主机厂，是生态建设的引领者。

借助 U9 cloud，企业不仅实现了精细化的成本分析，打造了滚动计划、日计划模式，构建了业财一体化、全面预算与控制，同时通过 EDI 技术和 U9 cloud 供应商协同门户，完成了与主机厂、供应商的全面协同，实现产业链大协作。

更为重要的是，他们以 U9 cloud 为依托，构建了多地点、多法人集团统一管控平台，在国内工厂全面实施应用的基础上，将管理经验复制推广到美国和墨西哥工厂，实现了多组织间业务协同、生产协同、财务协同，彻底打开了国际化之路。

此外，敏捷实施和快速部署也助推了模塑科技的出海行动。企业以总部先行、应用示范、复制推广的实施策略推进 U9 cloud 的部署。从 2016 年到 2017 年，仅仅一年的时间，就完成了国内产品上线和出海计划。由此可见，U9 cloud 全面有力地支撑了模塑科技的国际化发展战略，推动他们快速融入全球供应链体系。

作为复合材料、工程服务、模具设备、配件系统的全球主要供应商之一，固瑞特模具在先进复合材料研发和制造领域居全球领先地位，其生产基地和销售服务网络已遍布欧洲、美洲、中东、澳大利亚等全球多个国家和地区。

从 2012 年开始，为了满足业务发展的需要，固瑞特选择用友 U9 ERP打造了统一的信息化应用系统。而采用当时全球第一款完全基于 SOA 架构的世界级企业管理软件，也为固瑞特的全球化之路埋下了种子。

近些年，随着全球化业务布局的加快，固瑞特急需一套可以支撑企业国际化扩张的经营管理平台。用友 U9 cloud 正以服务中国企业走出国门，开拓国际市场为目标，凭借八大核心能力之一的“国际化经营”，成为固瑞特的最佳选择。

从 U9 ERP 升级为 U9 cloud，企业顺理成章地完成了数智化管理平台的重构，并在波兰工厂、加拿大工厂和香港公司部署上线。可以说

U9 cloud 以全球管控一体化、跨国多区域经营、全球化业务协同、全球化财务管控为基石，助推固瑞特国际化经营的战略快速落地。

然而，成功的不止是他们。U9 cloud 在机械制造、电子元器件、汽配行业、家居制造、整车装备、国防军工等领域，均取得了重大突破，真正以产品创造价值，以专深赢得了众多行业客户的青睐。

激发中国智造活力，成就世界级制造

复兴号、大飞机、国产航母、蓝鲸 1 号、特高压……一个个大国重器一鸣惊人的背后，不仅凝聚着中国智造的希望，更承载着来自各领域的神奇助力。其中，U9 cloud 正如商业创新的强大动力引擎，以绝对的市场实力和产品价值激发中国智造活力，为成就世界级制造保驾护航！

着力“专精特新”
助力“小巨人”成长为“巨无霸”

当前，新旧动能转换是经济转型升级的必由之路，这离不开科技创新，也离不开众多中小企业的高质量发展。

2022 年 7 月，中央政治局会议强调，强化科技创新和产业链韧性，加强基础研究，推动应用研究，加快解决“卡脖子”难题，发展“专精特新”中小企业。

所谓“专精特新”，就是专业化、精细化、特色化、新颖化的代名词。这些企业大部分来自制造业，虽然体量不大，但本质上是向创新领域发展，是实现中国智造的重要源泉。

从中国制造到中国智造，数智化赋能必不可少。在制造业转型升级的大背景下，软件国产化替代起到了举足轻重的作用。企业只有在高科技领域摆脱西方的制裁和打压，才能让“华为事件”不再重演。

但是国产应用软件若要实现完全替代，应用牵引是一个关键。尤其是复杂的高端制造应用软件，想要抢夺国外巨头在中大型客户中的市场份额，除产品能力外，政策的无形之手是实现突破的关键。只有在政府的号召下，细分领域的龙头企业优先采购性能好、替代性强的本土应用软件，才能将国产化真正拉上快车道。

如此一来，专精特新“小巨人”与高端制造国产化软件之间就形成了天然的连接，发挥各自之长，弥合科技鸿沟。

着力“专精特新”，弥合技术鸿沟

纵观高端制造服务市场，能够替代 SAP 和 Oracle 的本土化产品少之又少，用友 U9 cloud 绝对算是“小巨人”的最优之选。

ERP 时代，服务企业信息化的厂商主要有 SAP、Oracle、用友、浪潮、金蝶、微软、Infor 等。除了本土选手外，SAP、甲骨文也占据一定的高端市场份额。但是进入云时代，国内厂商已坚定加速云化产品研发，利用新一代技术架构优势，缩小与国外产品在性能上的差距，提高产品可用性。例如，U9 cloud 早已满足高端集团型制造企业对于生产、研发、运营、管理等需求，不仅帮助企业全球化发展，且在价格上更具有优势。

况且，虽然疫情造成了一定冲击，但大部分制造企业依然处于前进发展的状态。而不断变化的各种业务形态，让天生缺乏互联网和云基因的国外产品在应对创新应用时显得力不从心。

而这正是 U9 cloud 的强项。以用友 BIP 为基座的 U9 cloud 采用微服务、元数据驱动、中台化等架构设计，涵盖平台服务、应用服务、业务服务与数据服务等形态，是支撑企业随需而变、商业创新的利器。

目前，专精特新“小巨人”已达到 4762 家。从行业分布来看，超六成企业属于工业“四基”领域，九成集中在制造业领域，其中机械设备企业数量最多。他们往往专注于细分市场，是各领域的佼佼者。这正与 U9 cloud 所服务的范围不谋而合。

深耕制造领域十三载，U9 cloud 在机械、电子、汽配、家具、整车、军工等细分行业有着深厚的积累，尤其是机械、电子和汽配行业，不但打造了多个成熟的产品模式和应用场景，也服务了不少龙头企业和上市公司，见证了企业由信息化走向数智化的历程。而这些企业正是国产化替代的先行者，也是专精特新“小巨人”的排头兵。

强强联合，创新加倍

专精特新“小巨人”的灵魂是创新。他们不仅具备核心技术，且在创新能力上也遥遥领先。而 U9 cloud 自从诞生之日起，就被深深地烙上“创新”之印。与“小巨人”的结合，可谓创新加倍。

从模式创新上看，U9 cloud 聚焦六大商业模式：个性化定制、网络化协同、智能化生产、服务化转型、精细化管控和一体化应用，且在每一个关键环节都具备典型的创新应用，比如个性化定制方面的超级 BOM，智能化生产方面的 AIoT、工业大脑，服务化转型方面的设备后服务等。

从服务创新上看，U9 cloud 可以帮助企业连接客户、经销商、供应商，打造产业链大协同，构建企业自主的生态圈；帮助全球性的集团化企业搭建统一管控平台，满足多地点、多法人、多事业部、多语言、多币种、多税制等跨国经营管理需求；帮助企业构建多层级的阿米巴责任考核体系，实现集团统一管控；帮助企业打造多组织协同、精益生产计划体系，构建敏捷制造体系；帮助企业构建项目制造管理闭环，实现设计制造一体化、项目全生命周期管理；构建人、物料、设备之间的互联，依靠智能化技术实现智能排程与调度等。

从架构创新上看，前有 U9 ERP 首创完全基于 SOA 架构的世界级管理软件，后有 U9 cloud 全面支持多云部署，完美适配国产 IaaS 厂商，企业可自由选择部署资源。

从技术创新上看，基于全新技术架构的 U9 cloud 以用友 BIP 平台为基础，不仅是用友精智工业互联网平台的重要组成部分，且全面运用移动互联网、大数据、物联网、人工智能等技术，成为企业数智制造的首选。

从交付创新上看，云化后的 U9 cloud 推出了 AGL 三段敏捷实施方法论，提供按场景预置、批量导入导出、初始化建账、快速环境修复、知识弹窗等工具，满足企业对于敏捷实施、快速上线的诉求，让客户投资快速得到回报。

从发展创新上看，用友联合国内外优势行业厂商，发起成立了中国智能制造创新实践联盟，以优势互补、融合发展的创新模式打造软硬一体化的解决方案，服务高端制造智能化升级。

成就典型的“小巨人”

在政策的持续引导下，越来越多的云厂商将目光瞄向“小巨人”，或是全新部署，或是国产化替代，助力它们成长为具有核心竞争力的细分行业“隐形冠军”。

作为一家专注于过程自动化仪器仪表产品研发、生产、销售和工程服务的企业，万讯自控是中国自动化细分行业的“小巨人”，主要生产执行器、工业二次仪表、控制阀等产品，核心业务具备典型的多品种、小批量、非标生产等特点。

为了解决业务数据一体化、集团多组织管理等痛点，2014 年万讯自控部署了用友 U9 ERP，并在随后几年里上线了 MES、PLM 等产品，构建了以 U9 为核心的数智化体系。

2021 年，公司整体切换至 U9 cloud 平台。这不仅源于平台的开放性，帮助企业构建基于参数的模型，与 BOM 协同，化解由于统一产品类型过多而导致的 BOM 数据庞大的问题。同时，以 U9 cloud 为平台的业务运营控制体系和自主开发的 ESIP 数据交互平台，连接了包括 CRM、OA、MES、WMS、PLM 等在内的异构系统，建立了企业在价值链节点、设备、产品及数字化系统之间的数据交互。此外，万讯自控在 U9 cloud 上构建的“数据闹钟”可以帮助它们智慧运营，实时获取系统异常数据，及时预警。

万讯自控总裁傅晓阳表示，借助 U9 cloud，企业实现了研发设计制造一体化、集团管控、智能化应用，并在此基础上通过数据参数调用和 AI 数据建模，实现企业数字资产效益最大化。

在中国板式家具机械行业，弘亚数控可算是绝对的佼佼者。他们长期专注于板式家具机械专用设备的研发、设计、生产和销售，致力于为客户提供数控化、信息化的全系列板式家具生产设备和数字化解决方案。

近年来，面对“定制家具 + 精装修渗透率”持续提升而带来的板式家具机械数控化、柔性化、智能化的巨大需求，弘亚数控以“升级、优化、整合”为目标，通过 U9 cloud 打造了多组织协同和管控的数智化平台，实现从数据到业务的集团化管控。同时，通过完善现有生产计划管理体系，实现计划生产协同，合理编排生产进度，降本增效。此外，通过打造供应商协同平台，实现多组织供应链协同，降低采购成本，疏通与供应商之间的沟通渠道。

企业 CIO 马佳德认为，针对企业日益多样化的经营模式、复杂化的管理场景，U9 cloud 全面支撑组织变革，帮助企业重构管理价值，创新应用价值。

比如在需求计划方面，企业实现了从“按单跑毛需求”到“按单跑净需求”的转变，降低了库存和生产成本；在成品管理方面，企业加强了整机管理，贯穿从生产到库存，再到销售出货、售后追溯的整个管理链条；在生产管理方面，系统可实时反馈目前缺料的信息，使生产、采购、仓库快速响应，保证生产进度。

未来，弘亚数控将积极探索行业最佳实践，完全打通企业内部价值链，并积极对接产业链，打造真正意义上的社会化商业。

作为上海市重点培育的“小巨人”企业，华测导航是国内北斗高精度卫星导航定位产业的领先企业之一，专业从事高精度卫星导航定位相关软硬件技术产品的研发、生产和销售。

在全新数字商业时代，华测导航积极拥抱数智化转型，从产品与业务创新、组织与管理变革两方面入手，依托 U9 cloud 构建集团统一管控平台和从线索到现金的客户全业务周期响应体系，实现了以客户为中心的一体化 IPD 业务流程，通过数字化管理，打造了从计划到制造的敏捷供应链建设和覆盖产品全生命周期的责任考核体系，让公司的数智化建设从第一阶段由缺到全、实现可管，进阶到第二阶段由全到通、实现可控，再到如今的第三阶段由通到智、实现可见。

公司财务总监高占武说，依托 U9 cloud、PLM、友云采、eHR、BI 等多系统集成系统，华测导航全面构建了全价值链数智化平台，实现了从线索到回款全过程管理，构建了敏捷供应链体系，真正落地阿米巴责任核算，有效提升了企业发展核心竞争力，促进了商业创新与管理变革。

正如弘亚数控、华测导航、万讯自控这样小而强、小而美的细分行业“小巨人”，正凭借数字化、智能化的 U9 cloud 创造了无数的创新应用和场景，为它们成为行业的“巨无霸”赢得了时间。

从“小巨人”到“巨无霸”

目前，有不少省份将“中小企业上云”纳入专精特新“小巨人”企业培育体系中。毕竟新一代技术革命的潮流浩浩荡荡，小巨人只有抓住数智化发展的机遇，不断释放蕴藏的能量，才能不被时代所抛弃。

而面对数千家“小巨人”的迫切需求，用友 U9 cloud 以全新的技术平台、全面的产品能力、差异化的竞争优势为它们赋能，化解企业创新和转型的烦恼，打通产业链中的断点和堵点，让“小巨人”真正迸发大能量，成为中国智造的“巨无霸”。